Theresa Maxeiner

DANKE FÜR NIX!

DAS ULTIMATIVE FEEDBACK-BUCH

Souverän mit Kritik, Lob und Frechheiten umgehen

Bibliografische Information der Deutschen Nationalbibliothek
Die Deutsche Nationalbibliothek verzeichnet diese Publikation in der Deutschen Nationalbibliografie;
detaillierte bibliografische Daten sind im Internet über http://d-nb.de abrufbar.

Für Fragen und Anregungen:
info@redline-verlag.de

1. Auflage 2022

Türkenstraße 89
80799 München
Tel.: 089 651285-0
Fax: 089 652096

Redaktion: Desirée Simek
Umschlaggestaltung: Karina Braun
Umschlagabbildung: Shutterstock.com/Kapitosh
Illustrationen Innenteil: Dirk Meissner
Satz: abavo GmbH, Buchloe
Druck: Prime Rate Kft, Budapest
Printed in Hungary

ISBN Print 978-3-86881-883-3
ISBN E-Book (PDF) 978-3-96267-412-0
ISBN E-Book (EPUB, Mobi) 978-3-96267-413-7

Wir produzieren nachhaltig
www.m-vg.de

Weitere Informationen zum Verlag finden Sie unter

www.redlineverlag.de

Beachten Sie auch unsere weiteren Verlage unter www.m-vg.de.

Inhalt

Was soll das?!

Unsere Welt ist voll von Feedback. Wir bekommen tagtäglich die unterschiedlichsten Rückmeldungen zu uns oder unserem Verhalten; man kann sich ihnen kaum entziehen. Und oft genug sind sie alles andere als wohlwollend: ungerechtfertigte Kritik vom Chef, eine schlechte Bewertung auf Google, ein fieser Kommentar der Schwiegermutter, ein entmutigender Nebensatz vom Lehrer, ein Rüffel von der Zahnärztin, ein Anpfiff vom Trainer, ein verbaler Seitenhieb vom Vater oder ein dummer Spruch vom Nachbarn. Und auf Social Media, wo wir dem realen Leben kurz entfliehen wollen, dürfen wir uns die Meinung anderer über uns auch noch reinziehen! Manches davon zieht uns richtig runter und versaut uns buchstäblich den Tag. »Danke für nix!«, denken wir im Stillen und ballen die Fäuste. Wir nehmen uns so einiges zu Herzen und mit ins Bett, was da gar nicht hingehört. Auf diese Weise machen wir uns emotional abhängig von den Launen und Meinungen unseres Umfelds. Das muss endlich aufhören!

Vor Kurzem erhielt in meinem Seminar ein Mann Mitte 30 von seinen Kollegen Feedback. Diese waren voll des Lobes, dankten ihm insbesondere für seine Hilfsbereitschaft, seine positive, mitreißende Art und seine äußerst klugen Entscheidungen. Er sei die »natürliche Autorität« der Gruppe. Während er zuhörte, kämpfte er mit den Tränen – vor Freude. Schluchzend brachte er hervor: »Vor fast 20 Jahren hat ein Lehrer zu mir gesagt: ›Du dummer Kanacke kannst gar nichts! Du wirst nicht mal deine Familie ernähren können!‹ Ich wünschte, der wäre heute hier!« Diese vernichtenden Worte waren Teil seines Lebens geworden und sie beschäftigten, verletzten und verunsicherten ihn seit über zwei Jahrzehnten. Zwei Sätze, denen er unnötigerweise viel zu viel Gewicht gegeben hatte.

Machen wir Schluss damit! Machen wir uns emotional unabhängig von den Meinungen und Rückmeldungen anderer. Fangen wir an, unser Leben zu leben, zu wachsen und – endlich – aus jedem Feedback zu lernen. Aber vielleicht nicht nur über uns, sondern öfter auch über die anderen und über die ganze Welt. Da, wo es nichts für uns zu lernen gibt, lassen wir die Rückmeldungen anderer einfach stehen. So wie wir im Supermarkt keine sauren Gurken mitnehmen, wenn wir sie nicht essen wollen. Wir haben die Wahl!

Lektüre für Feedbacknehmer

In *Danke für nix!* lernst du durch viele Geschichten und unterschiedliche Perspektiven, das Allerbeste aus jeder Art von Rückmeldung zu machen, Gift von Geschenken zu unterscheiden, Spannendes über die Welt der Feedbackgeber zu erfahren oder ihre Worte grandios an dir abperlen zu lassen. Es ist damit ganz klar ein Buch für dich als Feedbacknehmer!

Danke für nix! soll dich unterhalten, es soll dich zum Schmunzeln bringen und Aha-Erlebnisse erzeugen. Es soll dir zeigen, wie es anderen mit fiesem Feedback ergeht – vielleicht geht es dir ja ähnlich?! Du bist also nicht allein. Es soll dein unnötiges Gedankenkreisen und deinen Ärger über unschöne oder unüberlegte Aussagen deiner Mitmenschen beenden, damit du deine Lebenszeit nicht darauf verschwendest. Es soll dir ein Stück deiner Selbstachtung wiedergeben, falls du sie – wenn auch nur zeitweise – verloren hast oder zu verlieren drohst. Es soll dich vor unnötigen Kränkungen, Verführungen und Höhenflügen durch Feedbackgeber schützen und dir ermöglichen, noch mehr aus jeder Art von Feedback zu lernen, wenn du das willst.

Sollte dich schon häufiger die Wut oder Ohnmacht gepackt haben, sodass du deinem Gegenüber am liebsten ein »Danke für nix!« entgegenschmettern wolltest, kann sich das durch die Lektüre ändern. Denn du wirst lernen: Du kannst dich wehren. Aber du wirst es in vielen Situationen gar nicht mehr müssen. Ich möchte dich ermutigen, deine eigenen Feedbacknehmer- und Feedbackgeberregeln aufzustellen. Und vor allem will ich dir beweisen, dass es noch etwas Wertvolleres geben kann als die Meinung oder Bewertung anderer über dich oder dein Verhalten: deine eigene Meinung und Bewertung. Das ist es, was zählt!

Ich möchte aber auch so manchen wohlmeinenden Feedbackgeber vor dir schützen. Denn du wirst seinem Ansinnen möglicherweise nicht immer gerecht. Beispiel gefällig? Wenn dein Partner sagt: »Es fehlt Salz in der Suppe«, dann fehlt in den meisten Fällen *gottverdammtnochmal* einfach Salz in der Suppe. Du bist ein toller Mensch und alle sind dir dankbar, dass du den ganzen Morgen in der Küche gestanden hast. Aber man wird doch auf deine Nachfrage hin anmerken dürfen, dass ein bisschen Salz fehlt, ohne dass du gleich die Beziehung infrage stellst, die Scheidung erwägst, dich undankbar behandelt oder sogar persönlich angegriffen fühlst und deswegen einen total ätzenden Tag hast.

Manche wohlmeinenden Menschen, die uns etwas sagen wollen, müssen oftmals einen regelrechten Eiertanz veranstalten, um uns eine Botschaft zu übermitteln, weil sie denken, wir vertragen sie sonst nicht. Vielleicht haben sie recht. Zumindest manchmal oder in bestimmten Situationen oder Konstellationen. Bis jetzt! Deshalb: Schön, dass du hier bist!

Was dieses Buch ist und was nicht

Dies ist kein Buch, das dir erklärt, wie du besser Feedback gibst, auch wenn du vermutlich implizit sehr viel darüber lernen wirst. Es ist auch weiß Gott kein psychologisches Handbuch, das dir erwiesene und trockene Theorien vermittelt oder gar Studien aufzeigt. Dagegen habe ich mich ganz bewusst entschieden. Verstaubte Fachbücher, die fast keiner liest, haben wir doch schon genug. Außerdem lerne ich selbst lieber und besser aus Geschichten und brauche keinen Merksatz, um ein Aha-Erlebnis zu haben. Für das Psychologiestudium oder als Handbuch für Therapeuten ist diese Lektüre also weniger geeignet, zumindest ist sie nicht klausurrelevant. Geeigneter ist dieses Buch schon eher auf deinem Nachttisch für deine mentale Hygiene nach jeder Art von Feedback (auch an der Uni), als kurzweiliger Begleiter auf der nächsten Zugreise, als Geschenk für deine Ehefrau oder deinen Onkel, der sich vieles zu sehr zu Herzen nimmt, als flotte Lektüre im Urlaub oder als Inspiration für die ganze Familie. Dieses Buch ist auch keine Abrechnung mit Kritikern im Allgemeinen, denn ich habe prinzipiell nichts gegen Kritik, wie du noch sehen wirst.

Ich gebe dir auf erzählerische, manchmal humorvolle und augenzwinkernde Art und Weise Ideen und Perspektiven an die Hand, die dir helfen können, jede Art von Rückmeldung durch eine andere Brille zu sehen. Welche Brille du wählst, ist allein deine Entscheidung. Aber sei versichert: Nach diesem Buch hast du eine spannende, sehr variantenreiche Brillensammlung.

Natürlich musst du nicht alles in diesem Buch bierernst nehmen. Darum geht es ja! Dein Umgang mit Feedback soll leichter und lockerer werden. Es soll dich auf andere, auch unkonventionelle Gedanken bringen. Ich gehe sicherlich kontrovers mit manchen Themen um, ich will dich zum Nach- und Selbstdenken anregen und habe überhaupt nicht den Anspruch einer allgemeingültigen Meinung. Ich halte es da wie mit der engen Bezeichnung von Feedback: Wir sind auf Augenhöhe, ich sage meine Meinung, du kannst es gerne anders sehen. Du kannst meinen Vorschlägen und Ideen folgen, musst es aber natürlich nicht.

Zu den Geschichten, die in den nächsten Kapiteln auf dich warten, möchte ich vorab sagen: Ein paar dieser Storys stammen aus meinem eigenen Leben. Teilweise ist mir erst im Nachhinein aufgefallen, wie sehr sie mich getroffen und geprägt haben – und wie lehrreich sie waren. Eine Rückmeldung war besonders fies und hat mich viel zu lange begleitet. Summa summarum bin ich aber tatsächlich eher mit positiven Feedbacks gesegnet, doch darum geht es hier ja nicht. Aus der Erfahrung als langjährige Führungskräfteberaterin und Coach kann ich sagen: Jeder hat sie erlebt, diese fiesen Geschichten, diese dummen Sprüche, dieses vernichtende Feedback – und fast alle hatten deswegen eine Krise oder zumindest eine Zeit, in der sie auf Aussagen anderer herumkauten oder sich Kommentare zu sehr zu Herzen nahmen. Deswegen habe ich für dich die kruden Geschichten aus meiner eigenen Geisterbahn und der von Coaching-Klienten (natürlich anonymisiert und verfremdet!) herausgepickt.

Auch wenn ich es schon von Anfang an ungefragt getan habe, möchte ich an dieser Stelle höflich darauf hinweisen, dass ich dich bewusst und respektvoll duzen werde. Ich kann mir von dir leider keine Erlaubnis holen, denn wir kommunizieren ja nicht direkt, daher werde ich stillschweigend von deinem Einverständnis ausgehen und hoffen, dass es für dich in Ordnung ist. Zur Erklärung: Als Coach und Trainerin gehört es für mich dazu, offen und nahbar mit Menschen zu arbeiten. Damit wir uns wirklich verstehen und voneinander lernen, ist diese Nähe aus meiner Sicht sehr wichtig.

Abschließend noch ein paar Gedanken zum Thema Gendern: Gefühlt kann man es hier mittlerweile gar nicht mehr richtig machen. Irgendeinen Shitstorm kann man immer auslösen, es sei denn, das Thema ist bald wieder uninteressant. Ich möchte natürlich niemanden benachteiligen oder unterrepräsentieren. Wie

Die Lösung in der Sternchen-Gender-Debatte.

halte ich es also? *Danke für nix!* ist für alle Menschen gedacht, die mit anderen interagieren. Denn Fakt ist: Wohlmeinende sowie fiese Feedbackgeber gibt es unter Männern, Frauen und anderen Gendern gleichermaßen und auf der Feedbacknehmerseite sitzen ebenso alle Geschlechteridentitäten. Aufgrund der besseren Lesbarkeit verzichte ich dennoch explizit auf Sternchen, Unterstrich, Doppelpunkt, Paarform & Co. Bei den Beispielen habe ich mich bemüht, abzuwechseln, und hoffe, dass es mir einigermaßen gut gelungen ist. Da du dieses Buch in den Händen hältst und liest: Bitte fühle dich angesprochen!

Dein Weg, um emotional unabhängig von Feedback zu werden

Manchen meiner Coaching-Klienten hilft eine einzige Geschichte, damit sie sich befreit fühlen. Andere brauchen eine neue Perspektive, die sie inspiriert. Wieder andere fangen lieber an, sich mit sich selbst zu beschäftigen. Geh also bei deiner Lektüre gerne ganz nach deiner Neugierde vor. Du kannst die Kapitel kreuz und quer lesen. Du kannst dich aber auch dem natürlichen Blättern hingeben und ich nehme dich mit auf eine Reise. Dazu gebe ich dir einen kurzen Überblick über die einzelnen Etappen.

In Kapitel 1 geht es um erste Schritte zu einem veränderten Mindset im Umgang mit Feedback, denn die veralteten Feedbackregeln sind heutzutage kaum mehr zu gebrauchen.

In Kapitel 2 führe ich dich in meine persönlich wahrscheinlich prägendste Feedback-Story, die mich niedergerissen hat. Es geht aber auch darum, wie ich es geschafft habe, mich wieder aufzubauen. Dadurch wirst du schon mindestens einen magischen Schlüssel erhalten, der dich freier im Umgang mit Feedback werden lässt.

Kapitel 3 bietet verrückte Anekdoten aus dem Alltag meiner Klienten und mir, die Feedback unter ganz unterschiedlichen Blickwinkeln beleuchten. Hier lernst du relevante Ebenen und Nebenschauplätze kennen, die dir für deine Feedbacksituationen spannende und ungeahnte Perspektiven bieten können.

In Kapitel 4 nehme ich die Bestandteile und Zusammensetzung von Feedbacks intensiv unter die Lupe: Was ist drin und was ist nicht drin?

Kapitel 5 erläutert diverse clevere oder auch weniger clevere Verpackungsstrategien von Feedbackgebern, die du kennen solltest, um nicht zum Opfer der verfolgten Strategie zu werden. Damit bekommst du gleichzeitig eine sehr gute Anleitung zum Filtern und Interpretieren von Feedbacks.

»Früher war alles besser« – das wage ich zwar zu bezweifeln, aber früher war die Feedbacklandschaft sicherlich anders als heute. In Kapitel 6 gehe ich daher auf Themen ein, die in unserer aktuellen Zeit den Umgang mit Feedback erschweren oder zumindest zu weiteren Schauplätzen von Feedback-Skurrilitäten führen können.

Nach all dem kann man sich fragen: Gibt es noch einen anderen Weg, um mit Feedback umzugehen? Ja, und zwar eine komplett andere Perspektive, die ich dir in Kapitel 7 vorstellen werde. Diese hat nichts mehr mit dem Inhalt des Feedbacks oder auch dem Feedbackgeber zu tun, sondern nur noch mit dir. Wenn es hart auf hart kommt, ist es nämlich meistens an und in dir, mental aufzuräumen.*

Ich würde sagen: Jetzt geht's los! Fangen wir vorne an und gehen zum Tatort.

---

* Zögere bitte niemals, dir dafür auch notwendige Unterstützung zu holen – sei es durch Freunde, Coaches oder auch Therapeuten, wenn du es nicht alleine schaffst!

1 Nie wieder Opfer

Bestimmt hast du dir schon das ein oder andere anhören müssen, das du wirklich frech und unangemessen fandest. Wo sich jemand im Ton vergriffen oder dir ein Feedback vor die Füße geworfen hat, das absolut ungerechtfertigt war. Was immer dir Menschen als Feedback mitgeben, du entscheidest, ob diese Rückmeldungen für dich Gift oder ein Geschenk sind. Du kannst wählen und entscheiden. Immer! Es geht nicht um den Täter, sondern darum, dass du nie wieder Opfer bist.

Tatort Feedback

Kurz vor Feierabend kommt dein Chef ins Büro und schnauzt dich an: »Wie konntest du nur diese wichtige Deadline vergessen? Um jeden Scheiß muss man sich hier selber kümmern! Wo hast du deinen Kopf?! Das läuft so nicht. Es geht gar nicht, dass du solche wichtigen Termine immer wieder verpennst. Das muss einfach mal gesagt werden: Hast du denn bei uns gar nichts gelernt? Was kannst du eigentlich?«

Du bist erstarrt, wütend und fühlst dich überhaupt nicht schuldig. Du denkst: »Das war doch völlig anders verabredet!« Aber bevor du etwas sagen kannst, dreht sich dein Chef auf dem Absatz um und rauscht aus dem Büro. Du fühlst dich zwar im Recht, ärgerst dich aber trotzdem. Die letzte Stunde im Büro verbringst du damit – halb blind vor Wut und fahrig –, die E-Mails zu diesem Vorfall zusammenzusuchen. Das, was du eigentlich noch erledigen wolltest, hast du komplett vergessen. Kurz nach 18 Uhr steigst du ins Auto und zermarterst dir während der Fahrt das Hirn, was du deinem Chef am besten hättest antworten sollen. Später kannst du dich an den Nachhauseweg gar nicht mehr erinnern. Irgendwer hat dich wohl irgendwie nach Hause gebracht.

Zu Hause angekommen, gehst du zu deinem Partner in die Küche und erzählst ihm, was passiert ist. »So ein Arsch! Behandelt mich wie einen dummen Schüler. Dabei hat er das Projekt mit dem Kunden doch selbst verbockt.«

Dein Partner unterstützt dich und zieht mit: »Ja, der kann froh sein, dass er dich hat. Frechheit, so was zu sagen! Da würde ich morgen noch mal hingehen und ihm sagen, dass er so nicht mit dir umgehen kann. Am besten, du beschwerst dich sofort bei seinem Chef. Oder noch besser: Geh gleich zum Betriebsrat!«

Der Abend kostet dich dann eine Flasche Rotwein, das Einschlafen wird schwierig, und nachts wachst du immer wieder auf und überlegst, ob du vielleicht wirklich den Betriebsrat einschalten solltest. Auf jeden Fall wirst du morgen deiner Kollegin davon erzählen, denn das kann ja wohl alles nicht wahr sein! Wolltest du nicht ohnehin kündigen und dich neu orientieren?

So ähnlich ist vielleicht auch schon eine deiner Feedbackgeschichten im Joballtag verlaufen. Unangemessene Feedbacks sind aber nicht auf den Beruf beschränkt, sondern traktieren uns auch im privaten Umfeld. Wie sollen wir uns in solchen Situationen verhalten?

Warum du dringend ein neues Mindset brauchst

Wut oder Angst machen sich bei vielen Menschen breit, die negatives Feedback erhalten. Allein die Ankündigung »Ich möchte dir mal Feedback geben« löst oft ungute Gefühle bei uns aus. Wir fühlen uns wehrlos. Wir fühlen uns als Opfer der Situation, denn viele von uns haben früher mal gelernt:

- »Lass den Feedbackgeber ausreden und höre gut zu.«
- »Feedback solltest du nicht kommentieren.«
- »Feedback ist ein Geschenk! Dafür solltest du dich bedanken.«
- »Feedback solltest du dir immer zu Herzen nehmen.«

Durch solche eingebläuten Verhaltensregeln fühlen wir uns manchmal der Situation ausgeliefert. Aber muss das so sein?

Musst oder willst du wirklich Danke sagen, auch wenn du völlig ungerechtfertigte Kritik erhältst? Willst du das unkommentiert so stehen lassen und stoisch ertragen? Bleibt da nicht ein fieser Nachgeschmack? Musst du Feedback annehmen, dir zu Herzen nehmen und als Ballast mit dir herumtragen? Darfst du dich nicht wehren? Ich möchte dich ermutigen, diese überholten Feedbackregeln infrage zu stellen und eine neue, viel hilfreichere Haltung gegenüber Rückmeldungen zu entwickeln. Denn aus meiner Sicht sind viele vermeintliche Feedbacks es nicht wert, als wertvoll behandelt zu werden. Ja, es können manchmal echte Geschenke dabei sein, doch oftmals sind Feedbacks auch klare Frechheiten. Oder – das habe ich in den letzten Jahren häufig erlebt – es geht unter dem Deckmantel eines Feedbacks um etwas ganz anderes. Doch dazu später mehr.

Da stellt sich die berechtigte Frage: Können wir den Menschen denn nicht einfach beibringen, ihr Feedback konstruktiv zu formulieren? Dann müssten wir nicht diesen Aufwand mit der inneren Einstellung betreiben und Feedbacks nicht neu lesen lernen. Im Prinzip stimmt es, das wäre super! Und wie man gutes Feedback geben kann, ist ein ebenso wichtiges wie komplexes Thema, das ich sehr gerne an anderer Stelle erläutere.* Denn Feedback zu geben ist tatsächlich eine ganz andere Geschichte als Feedback zu nehmen. Die Sache ist die: Wir können nicht direkt beeinflussen, ob andere uns ordentlich Feedback geben und uns gut behandeln. Wir haben es nicht in der Hand und können es auch kaum unterbinden. Daher ist es aus meiner Sicht klug, mit jeder Art von Feedback souverän umgehen zu lernen, das

* In unserer Onlineakademie auf www.dieneuenhelden.de und www.maxeiner-nagel.com bieten wir in regelmäßigen Abständen den Onlinekurs »Inspiring Feedback« an. Natürlich gehört es außerdem in all unseren Führungs- und Talentausbildungen sowie Coachings dazu, Feedbackgeberkompetenzen zu entwickeln. Gerne über info@maxeiner-nagel.com Termine nachfragen.

weder gut gemeint noch gut gemacht wurde. Dann wirst du den verschiedenen Arten von Kritik mit einer inneren Leichtigkeit begegnen können, viel interessierter sein, was und wie Menschen etwas formulieren. Egal, wie stark dein Gegenüber als Feedbackgeber geschult ist: Ab heute bestimmst du, was ein Feedback mit dir macht! Und du wirst in Zukunft durch jede Rückmeldung grandios wachsen können.

Warum ich es für so wichtig halte, als Feedbacknehmer innerlich gut gewappnet zu sein und ein hilfreiches Mindset zu haben? Dazu habe ich fünf Thesen.

1. Kritik wird rauer – Lob wird lauer

Wir leben in wilden Zeiten und viele Menschen fühlen sich unter Druck, gehetzt, überfordert. Stress oder auch eine neue Form der Angst haben sich breit gemacht und nur wenige schaffen es, emotional gut für sich zu sorgen. Ihre Gefühlswelt bringt manche Menschen an die Grenzen ihrer Empathiefähigkeit und erschwert einen wohlwollenden Umgang miteinander. Ob in der Aufsichtsratssitzung, im Fußballverein oder Elternbeirat: Immer häufiger wird heute mit immer härteren Bandagen gekämpft. Der Ton wird rauer. Gleichzeitig bleibt Lob für gute Arbeit oder besonderes Engagement immer öfter aus. Entweder weil man es für selbstverständlich erachtet, dass alles immer gut und reibungslos läuft, oder weil schlicht keine Zeit für ein nettes Wort bleibt. Für Kritik jedoch ist offenbar immer Zeit, und laut ist sie auch sehr häufig. Aufgrund von Stress rutscht den Menschen etwas heraus, das sie eigentlich gar nicht so gemeint haben.

Viele Führungskräfte pflegen eine aktive Feedbackkultur und holen Rückmeldungen ihrer Teammitglieder ein. Doch auch ihnen gegenüber weht heute oft ein rauerer Wind: Laut zahlreicher Erfahrungsberichte meiner Teilnehmer ticken die jüngeren Mitarbeiter anders. Sie sind direkter, »kotzen« sich immer häufiger aus, manche fordern sogar offen eine Verhaltensänderung des Chefs ein. So manche Führungskraft wundert oder ärgert sich, wenn Digital Natives oder Kollegen aus der Generation Y unverhohlen und ungefragt

Kritik äußern. Lob in Richtung der Führung bleibt erfahrungsgemäß genauso aus wie früher.

2. Bewertungssysteme unter dem Deckmantel der Transparenz sind die neue Geißel unserer Zeit

Sicher kennst du diese Bewertungen auf Google oder Plattformen wie Kununu, Performance-Management-Systeme mit mindestens einem Jahresgespräch für jeden Mitarbeiter, 360-Grad-Feedbacks für Führungskräfte und viele mehr. Solche Bewertungssysteme bieten enormes Potenzial für Verbesserungen, aber sie bedeuten auch, dass man sich mit vielen unschönen Feedbacks auseinandersetzen muss. Wenn wir Menschen einladen, ihre Meinung im Internet öffentlich zu äußern, kommen eben auch ungeladene oder schlecht erzogene Gäste. Dies kann heute fast jeden Menschen betreffen – sei es, dass er im Blumenladen oder bei der Straßenmeisterei arbeitet, ob er Mitarbeiter, Führungskraft, Politiker oder Unternehmer ist. Es treten immer neue Anbieter von Bewertungssystemen auf den Markt. Diese erfreuen sich eines großen Zuspruchs und steigender Umsätze, aber für diejenigen, die solchen Bewertungen ausgesetzt sind, können schlechte Bewertungen fatal sein und regelrecht Rufmord bedeuten.

3. Die neue Welt fordert Experimente – hat aber mehr Kritiker als Forscher

Ich bin es gewohnt, mit Menschen zusammenzuarbeiten, die viel Verantwortung tragen. Sie entwickeln Lösungen für die Zukunft und können dabei immer seltener auf Bewährtes zurückgreifen. Sie sind Vorreiter, wagen Neues und machen Experimente – ob neue IT-Lösungen, Unternehmensstrukturen, Antriebstechnologien oder neue Formen des Zusammenlebens. Durch all diese innovativen Vorstöße lernen sie auch, wie es nicht funktioniert. Der Weg der Innovation ist ohne Scheitern nicht möglich. Dennoch werden solche Innovatoren nur selten für ihr Durchhaltevermögen und ihre Kreativität gelobt. Außenstehende sehen lieber, was alles nicht geht oder nicht funktioniert, was das aktuelle Experiment gekostet hat oder was noch nicht ausgereift ist – und dieses Feedback bekommen diese Menschen ungefiltert vor die Füße geworfen.

Es ist viel einfacher, zu kritisieren und zu bewerten, als etwas Neues zu denken, zu erschaffen und ausgiebig zu testen. Wenn ich mir unsere Gesellschaft und die sozialen Medien anschaue, habe ich oftmals den Eindruck, dass es jede Menge Menschen gibt, die mit der Chipstüte in der Hand von der Couch aus kritisieren, was die wenigen Forscher, Politiker, Unternehmer und andere Zukunftsgestalter an innovativen Lösungen mit Herzblut und hohem Kraftakt auf die Beine stellen. Schade!

4. Moderne Arbeitsformen treffen auf unzureichende Feedbackkompetenz

Sicher hast du schon von agilen Prinzipien gehört. Bei dieser modernen Arbeitsform sind die Mitarbeiter aufgefordert, in viel kürzeren Zyklen als früher Feedback zu ihren allerersten groben Entwürfen und Ideen einzuholen. Selbstredend enthalten solche Entwürfe oftmals noch mehr Fragen als Antworten und werden von Feedbackgebern nicht selten in der Luft zerrissen. Das sind viele Star-Ingenieure oder Projektleiter nicht gewohnt. Sie sind verletzt und halten ihre Projekte dann gerne wieder unter dem Deckmantel.

Für agiles Arbeiten, Design-Thinking und ähnliche Konzepte brauchen wir dringend Feedbacknehmerkompetenz, damit diese Prinzipien überhaupt funktionieren können. Wenn du selbst mit agilen Arbeitsformen zu tun hast und regelmäßig Feedback zu deinen Entwürfen bekommst, solltest du lernen, dass es dabei nicht um dich geht. Es ist wichtig, Rückmeldungen nicht persönlich zu nehmen, sich nicht gekränkt zu fühlen oder verärgert zu sein. Nur so können Ideen weiter fließen und Dinge mit neuen Informationen weiter gestaltet und verbessert werden. Mehr dazu in Kapitel 6.5.

5. Feedback gilt manchen als Einladung, emotional zu entgleisen

Unter dem Deckmantel von Mitarbeiter- und Feedbackgesprächen meinen manche Vorgesetzte, aber auch Beschäftigte und Kunden, ungehemmt vom Leder ziehen zu können und sich mal ordentlich Luft machen zu dürfen. Sie folgen dabei der Devise, dass Feedback erst einmal ordentlich wehtun muss, damit Menschen sich ändern. Demzufolge formulieren sie ihre Kritik schärfer als notwendig.

Auch hier braucht es dringend Aufklärungsarbeit. Am besten sollte jeder schon in der Schule lernen, sowohl Lob, Kritik und Feedback allgemein konstruktiv und wohlwollend zu formulieren. Ich finde außerdem, dass man seinen Senf nicht überall dazugeben muss – sofern man nicht explizit darum gebeten wird. Darüber hinaus würde ich mir wünschen, dass in den sozialen Medien nicht gehetzt wird, sondern sich Menschen wichtigen Diskussionen stellen, ohne sich gegenseitig abzuwerten und keine Shitstorms losgetreten oder befeuert und Diffamierungen, Drohungen oder Schlimmeres nicht veröffentlicht werden – schon gar nicht unter Pseudonym. So lange diese Unzulänglichkeiten und Unverschämtheiten aber noch bestehen, wünsche ich dir ein neues Mindset im Umgang mit Feedback.

Sollten auch nur ein paar dieser oben genannten Thesen auf deine aktuelle Welt zutreffen, finde ich die »prinzipielle Grundeinstellung von Offenheit und Dankbarkeit« gegenüber jeder Art von Feedback, die Haltung, dass »Feedback per se etwas Gutes ist« sowie die Verhaltensregeln »zuhören, nicht kommentieren und zu Herzen nehmen« nicht sinnvoll und unnötig kränkend. Die schiere Masse an Feedback und dessen neue, skurrilen Formen, die abwertenden Systemdynamiken, der Hang zur Negativität genauso wie der Missbrauch von Lob sind inhuman, eine echte Zumutung und kein Geschenk! Wappnen wir uns also für diese neuartige Feedbacksituation mit einem neuen Mindset, sodass wir all das bewältigen und im sinnvollen Rahmen daraus lernen können.

Was Feedback ist und was nicht

Der Begriff »Feedback« ist verbraucht und meist negativ konnotiert. Bei vielen löst er ungute Gefühle aus und hinterlässt einen schalen Nachgeschmack im Mund. Sie fühlen sich an maßregelnde Situationen erinnert, in denen sie von Eltern, Lehrern, Führungskräften oder Kunden ungefiltert und unverblümt Kommentare vor den Latz geknallt bekommen haben und sich aufgrund des Deckmantels des wohlmeinenden Feedbacks nicht wehren konnten, sondern womöglich sogar noch lieb Danke sagen sollten.

Feedback gilt mittlerweile als Sammelbegriff für die unterschiedlichsten Arten von Rückmeldungen: Der Feedbackgeber sendet dem Feedbacknehmer, was er wahrgenommen, empfunden oder interpretiert hat. Manchmal vermittelt der Feedbackgeber zudem auch einen Änderungswunsch. Die Informationen, die via Feedback transpor-

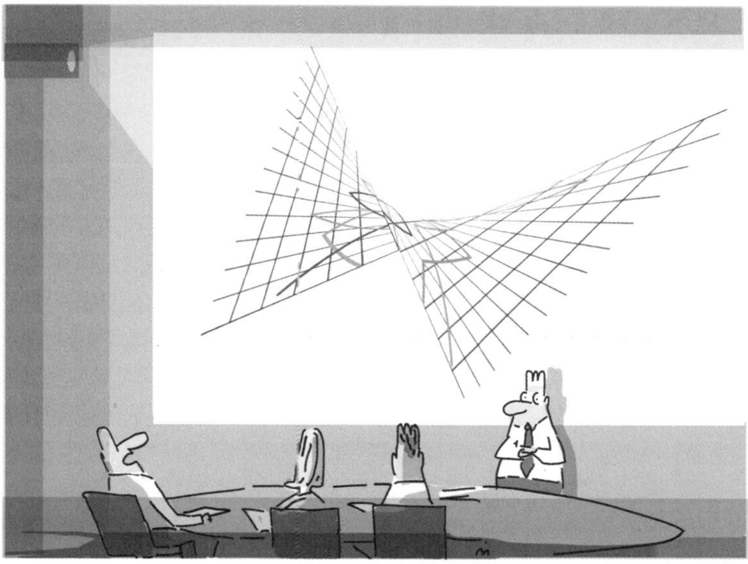

Ich denke, diese Grafik bringt unsere Situation noch am besten zum Ausdruck.

tiert werden, können unterschiedliche Wertungen enthalten, also neutral, positiv oder negativ sein:

- *Neutral:* »Ah, ich sehe, du hast ein rotes Kleid an.«
- *Positiv:* »Schönes Kleid! So eine tolle Farbe!«
- *Negativ:* »Hmm ... das Kleid ist dir ein bisschen zu eng, was?«

Die Vermittlung von Feedback kann verbal oder auch nonverbal zum Ausdruck kommen, in vielen Fällen ist es eine Mischung aus gestischer, mimischer, stimmlicher und verbaler Reaktion. Feedback ist also nicht nur das, *was* gesagt, sondern auch *wie* es gesagt wird. Natürlich gibt es Feedback auch schriftlich oder mit Emoticons wie »Daumen hoch« und anderen Zeichen.

In Fachkreisen wird Feedback im engeren Sinne meist als *freiwillige Rückmeldung* (also nicht einklagbar) zwischen Menschen verstanden, die sich auf *Augenhöhe* begegnen. Somit gilt der Begriff Feedback ursprünglich als wohlmeinendes Angebot, getreu dem Motto: »Lieber Feedbacknehmer, ich habe da etwas wahrgenommen und interpretiert. Ich sag's dir gerne, wenn du willst. Und natürlich kannst du mit dieser Information machen, was du willst. Auch wenn ich mir wünsche, dass du dein Verhalten beibehältst oder änderst, kann es dir völlig egal sein.« Das wäre die eigentliche und »ursprüngliche« Bedeutung von Feedback. Eine Option mit einer klaren, wohlmeinenden und wertschätzenden Haltung dahinter, die vom Feedbacknehmer sehr leicht aufgenommen und verarbeitet werden kann.

Praktisch sieht es in vielen Fällen aber anders aus. Augenhöhe zwischen Feedbackgeber und -nehmer ist keine Selbstverständlichkeit und faktisch auch nicht immer sinnvoll oder möglich. Wenn der Chef den Mitarbeiter auf Fehler hinweist, handelt es sich nicht um ein wohlmeinendes Angebot, sondern der Vorgesetzte verbindet damit die Erwartung, dass der Betreffende etwas ändert. Solche Interaktionen mit Statusunterschieden finden sich nicht nur im Arbeitskontext: Wenn ein Hotelgast sich etwa beschwert, ein anderes Zimmer einfordert und droht, bei Nichterfüllung seiner Wünsche eine schlechte Bewertung im Internet abzugeben, wird die Augenhöhe verlassen. Feedback, bei dem Hierarchie- oder zumindest Statusunterschiede eine Rolle spielen und Rückmeldung top-down gegeben wird, nennen wir in der Regel *Kritik* beziehungsweise *Lob*. Wer Kritik ausspricht oder lobt, darf qua Amt oder Rolle entscheiden, was falsch und richtig ist. In Unternehmen gehört dies sogar explizit zu den Aufgaben von höhergestellten Personen. Als Chef muss man schließlich Vorgaben machen und das Verhalten der Mitarbeiter im Sinne der Zielorientierung für das Unternehmen bewerten und notwendige Veränderungen herbeiführen. Wer als Mitarbeiter einen Arbeitsvertrag unterschrieben hat, billigt damit, dass er sich den Regeln seiner Vorgesetzten fügen muss.

Eine mögliche Unterscheidung wäre daher:

- Rückmeldungen oder Feedback finden auf Augenhöhe statt, sind ein wohlmeinendes Angebot und beruhen auf Freiwilligkeit auf beiden Seiten.
- Bei Kritik oder Lob hingegen ist Hierarchie im Spiel und somit ist weder auf der Geber- noch Nehmerseite Freiwilligkeit gegeben.

Leider ist diese kleine, aber feine Unterscheidung den meisten Menschen völlig unbekannt. Feedback wird im Alltag als Oberbegriff für alles benutzt, was Menschen gegenüber anderen positiv oder kritisch äußern. Feedbackgeber sind oft unwissend in dem, was sie genau tun, entwickeln teilweise ein – deplatziertes – Gefühl der Macht oder nutzen Strategien, um weitere Ziele zu erreichen.

Zudem erleben viele Feedbacknehmer das »echte« Feedback auf Augenhöhe mit wohlmeinendem Angebot selten bis nie. Sie kennen überwiegend Kritik von oben. Daher denken sie bei jeder Art von Feedback, das sie erhalten, dass die Änderungswünsche des Feedbackgebers automatisch Gewicht haben oder aber, dass »der sich aber etwas rausnimmt« und sich über sie stellt. Auch Feedbacknehmer differenzieren also meist nicht zwischen Kritik beziehungsweise Lob und Feedback.

Aufgrund der aktuellen Gegebenheiten (siehe Kapitel 1.2 und Kapitel 6) und des alltäglich großen Interpretationsspielraums durch Feedbackgeber und -nehmer habe ich mich in diesem Buch daher bewusst für ein sehr breites Verständnis von Feedback entschieden und meine damit alles, was Menschen dir

- bewusst oder unbewusst,
- gefragt oder ungefragt,
- positiv, negativ oder neutral,
- verbal, körpersprachlich, schriftlich oder mit anderen Mitteln,
- mit oder ohne Änderungswunsch,
- auf Augenhöhe oder mit (vermeintlichem) Statusunterschied
- über dich oder dein Verhalten als Rückmeldung geben.

Ich weiß, dass das ein Ritt auf der Rasierklinge wird und es soll auch gar nicht die enge Bedeutung von Feedback als wohlmeinendes, freiwilliges Angebot auf Augenhöhe karikieren. Dieses weit gefasste Verständnis von Feedback entspricht unserer Lebenswirklichkeit einfach am besten und wird uns helfen, im Alltag mit uns und unseren Mitmenschen bestmöglich umzugehen.

Ich möchte dich wappnen für all das, was du weder auf Augenhöhe noch wohlmeinend oder freiwillig den lieben langen Tag kassierst und was landläufig trotzdem unter Feedback, Kritik, Lob oder Bewertung verkauft wird und nicht immer, aber manchmal eine absolute Frechheit ist!

Ist Feedback Gift?

Feedback kann etwas Wundervolles sein – und damit meine ich alle Arten, auch Lob und Kritik. Es kann uns wachsen lassen, lehren, helfen, auf wichtige Aspekte hinweisen, aufmuntern, neue Perspektiven aufzeigen und viele schöne Dinge mehr. Oftmals sind sie es jedoch nicht. Denn das, was sich häufig unter dem Deckmantel von Feedback verbirgt, ist für mich das blanke Grauen. Und nein, das liegt nicht immer am Feedbackgeber!

In den letzten zwölf Jahren hatte ich als Führungskräfte- und High-Potential-Beraterin und Coach viele vertrauensvolle Gespräche mit Höchstleistern. Menschen, die von außen betrachtet enorm erfolgreich und selbstsicher sind und denen ihr Umfeld sehr viel zutraut. Den meisten von ihnen scheint nichts etwas anhaben zu können. In vertrauensvollen Eins-zu-eins-Gesprächen habe ich dann erfahren, wie viele dieser Höchstleister unter kritischem Feedback leiden, es zu persönlich und zu wichtig nehmen, teilweise monate- oder sogar jahrelang an Kritik zu knabbern haben und durch falsch verstandene Feedbackregeln ihr Selbstwertgefühl infrage stellen. Davor ist niemand gefeit. Genauso schlimm ist es, wenn Menschen durch ihre Abhängigkeit von Lob ungewollt zu Marionetten werden.

Was passiert, wenn Menschen sich kritische Rückmeldungen zu Herzen nehmen? Sie beginnen zu grübeln – in ihrer Freizeit, beim Ausräumen der Spülmaschine, an der Supermarktkasse, im Auto. Im Gespräch mit der besten Freundin werden sie immer wieder davon erzählen. Manche werden wütend, andere sind den Tränen nahe oder ziehen sich bedrückt zurück. Sie basteln in Gedanken an Rechtfertigungen oder hecken einen geheimen Rachefeldzug aus. Im Job sind sie weniger produktiv und in der privaten Zeit gibt es weniger Erholung. Die Gedanken kreisen ohne Unterlass um diese Kritik. Viele Menschen sind innerlich von Feedback vergiftet, zerfressen, krank oder zumindest gekränkt und kommen nur schwer wieder zu sich. Manche tragen solche Kränkungen jahrelang mit sich herum, sind verletzt, getroffen, verunsichert. Ein wunder Punkt ist entstanden.

Der Beginn einer Depression, der Ausstieg aus dem Beruf oder der Wunsch, noch einmal ganz neu anzufangen, können die Folge sein. Ob die Rückmeldung vom Mathelehrer oder später von der Chefin kam – so mancher traut sich in dem betreffenden Fachgebiet weniger oder gar nichts mehr zu und hofft darauf, in anderen Gebieten Talente zu besitzen. Ein Musiker singt vielleicht nie wieder, ein Mitarbeiter schult um, ein Ehepartner reicht die Scheidung ein. Ich finde es unglaublich, was durch Rückmeldungen von Menschen in anderen zerstört oder im Leben erschwert werden kann.

Den umgekehrten Fall gibt es aber auch: Da bekommen Menschen unqualifiziertes oder manipulierendes positives Feedback und hören auf, an sich und ihren Fähigkeiten zu arbeiten. Sie bekommen ein falsches Bild von ihren Talenten, manche werden sogar hochnäsig, eingebildet oder zumindest faul. So mancher hält sich schnell für einen Superstar, schmeißt die Schule und scheißt auf Gesangsunterricht (Entschuldigung!). Andere werden fahrlässig und lernen nicht weiter für die entscheidenden Prüfungen. Dritte kaufen ihrem »Guru« blind jeden Onlinekurs ab, nachdem dieser eine Lobhudelei auf sie abgelassen hat.

Negatives wie positives Feedback kann also eine schädliche Wirkung haben. Fakt ist aber auch: Als Feedbacknehmer machen wir so manches wirklich gut gemeinte und wohlwollende Geschenk selbst zum Gift, schieben aber die Schuld dem Feedbackgeber zu.

Wenn ich heute in Unternehmen, aber auch ins private Miteinander schaue, sehe ich vieles mit anderen Augen. Es sind nicht nur die formellen Jahres-, Performance- oder Entwicklungsgespräche, Team-Retros, Sprint-Tests oder Ähnliches. Es sind auch Bewertungen bei Google oder Amazon, die Beschwerde-E-Mails oder Hasskommentare in den sozialen Medien. Und manchmal reicht ein dummer Spruch vom Partner oder ein zynischer Kommentar eines Kollegen, damit wir uns tief gekränkt fühlen und uns unnötigen mentalen Ballast aufbürden. Ich habe zu dem Thema viel gearbeitet, recherchiert, die Ohren gespitzt, Geschichten gesammelt – zunächst für mich selbst und schließlich, nachdem ich für mich so viel Wertvolles aufgebaut hatte, auch für andere. Meine Erkenntnisse flossen in meine Trainings, Coachings und Vorträge der letzten Jahre ein, denn es stellte sich heraus: Sie waren für viele Menschen außergewöhnlich hilfreich. Denn wer fragt sich als Feedbacknehmer schon, was emotional beim Feedbackgeber passiert ist oder ob man gerade selbst derjenige ist, der aus einem Geschenk Gift macht?

Warum du aus 99 Prozent aller Feedbacks nichts lernst

In unserer Gesellschaft gehört zum guten Ton im Miteinander, Kritik zuzulassen und zu betonen, dass insbesondere kritisches Feedback grandiose Lernchancen birgt – jedenfalls wenn es konstruktiv formuliert und gut gemeint ist. Dass man von kritischem Feedback viel lernen kann, stimmt an und für sich. Das Potenzial ist da, aber nur wenn du die Kritik oder das Lob auch richtig zu nehmen weißt. Wenn du dir eine Rückmeldung zu sehr zu Herzen nimmst, sie dich runterzieht, dann verbaust du dir Lernchancen.

Für viele Menschen bedeutet Kritik zunächst einmal Stress.[1] Wir setzen zwar unser Pokerface auf, aber in uns beginnt es zu brodeln. Das Gehirn schlägt Alarm. Vermutlich ist diese Reaktion darauf zurückzuführen, dass wir genetisch darauf programmiert sind, soziale Ablehnung als bedrohlich zu empfinden. Denn für die Entwicklung des Homo sapiens waren Gemeinschaften vielleicht noch wichtiger als für uns heute. Wenn wir einem Stamm angehörten, führte das dazu, dass wir gemeinsam gegen Feinde kämpfen und das Bärenfleisch oder die gesammelten Beeren teilen konnten. Das sicherte unser Überleben. Und je mehr Anerkennung man genoss, desto mehr Bärenfleisch stand einem zu. Wer hingegen angefeindet, bedroht und aus der Gemeinschaft ausgestoßen wurde, war in der Wildnis auf sich gestellt, was wohl ziemlich lebensgefährlich war. Entsprechend reagiert unser Gehirn auch heute noch mit Stress, wenn wir Kritik ausgesetzt sind, falls wir diese als Statusabwertung oder Ausgrenzung empfinden. Führt dieser Stress zu einer inneren starken Erregung, fallen wir leicht in einen der drei Überlebensmodi, die sich in der Zeit der Säbelzahntiger als hilfreich zum Überleben erwiesen haben: Kampf, Flucht oder sich tot stellen.*

Wir leben aber nun mal nicht mehr in der Natur in Höhlen und warten auf den Säbelzahntiger und gemeinsame Fleischmahlzeiten. Wir sitzen eher in einem Meeting mit ein paar Kollegen zusammen. Einer von ihnen durfte sich gerade Kritik vom Chef anhören: »Herr Mayer, da waren Sie mal wieder schlampig. Ihre Zahlen stimmen nicht. Sie haben wieder nicht gründlich recherchiert.« Kollege Mayer kann in drei Modi verfallen:

1. **Der soziale Kampf:** Mental werden die Messer gewetzt und es beginnt ein verbaler Kampf darum, wer recht hat und als Sieger hervorgeht. »Sie haben mich ja auch wie immer viel zu spät informiert!«, schießt Mayer bissig zurück. Der Ton wird lauter, Schimpfwörter werden zumindest gemurmelt und im Nachgang schreibt Mayer eine E-Mail und setzt den höherrangigen Chef und den Kunden in Kopie oder versucht anderweitig, den Feedbackgeber mundtot zu machen. Seine Wut mündet darin, den Feedbackgeber abzuwerten; er will ihn zumindest zu einer Entschuldigung bewegen.

2. **Die soziale Flucht:** Mayer wird blass, schaut bedröppelt drein, senkt den Blick und entschuldigt sich. »Oh, das sind die falschen Zahlen? Wie peinlich! Das hätte mir nicht passieren dür-

---

* Einen spannenden Einblick zu komplexen Vorgängen des Gehirns in Stresssituationen bietet das Buch *Brain at work* von David Rock (2008), Campus. Körperliche Auswirkungen von Stress beschreiben hingegen Gunter Frank und Maja Storch in *Die Mañana Kompetenz* (2012), Piper.

fen. Kommt nicht mehr vor, versprochen!« Er packt schnell seine Papiere und verlässt mit Schamröte im Gesicht den Raum. Die gestammelten Entschuldigungsversuche sollen die gestörte Beziehung zum Chef wieder kitten.

3. **Die soziale Erstarrung:** Mayer erlebt vor lauter Schreck einen Blackout. »Äh ... Chef, da weiß ich jetzt auch nicht ... Wie ... neue Zahlen ...«, brabbelt er, unterbricht seine Präsentation, wird dann still und schaut hilflos in die Runde – bis der Chef übernimmt und die richtigen Zahlen aus dem Kopf präsentiert. Am Nachmittag verlässt Mayer wegen Bauchschmerzen die Firma und ist danach für ganze zwei Wochen krankgeschrieben. Auch danach kann er seinem Vorgesetzten kaum in die Augen schauen und ist in der Zusammenarbeit sehr gehemmt.

Wir wissen heute aus der Gehirnforschung, dass unsere mentale Leistungsfähigkeit in Momenten der negativen (wie auch äußerst positiven) Übererregung des Gehirns, also in stark emotional gefärbten Situationen, drastisch sinkt.

Große Angst und Wut machen dumm. Wir können dann weder schlaue Fragen stellen, noch sind wir aufnahmefähig für neues Wissen. Deswegen kann eine stark unangenehme Feedbacksituation gar nicht als Lernchance genutzt werden. In keiner der drei Varianten kommt Kollege Mayer auf die Idee, zu fragen: »Welche Quelle kann ich denn heranziehen, um aktuellere Zahlen zu erhalten?« oder »Wie können wir in Zukunft die Aufgaben so verteilen, dass ich genügend Zeit habe, diese zu recherchieren?« In stark emotional geprägten Feedbacksituationen findet eine echte Auseinandersetzung mit dem Thema und damit Lernen kaum statt. Das Einzige, was Menschen aus solchen Situationen mitnehmen, ist, dem anderen nicht mehr über den Weg zu trauen. Schade eigentlich.

2 Auf die harte Tour

Manchmal wünscht man sich, die besten Erkenntnisse des Lebens würden einem einfach zufallen, während man in der Hängematte liegt. Pustekuchen! Ich habe auf die harte Tour erfahren, was es heißt, Kritik einzustecken, den Boden unter den Füßen zu verlieren und ihn wieder zu gewinnen. Dieses Buch und viele »Lessons learned« sind erst durch meine persönliche Krise entstanden. Auf diese Reise will ich dich nun mitnehmen. Damit du mir glaubst, wenn du dich getroffen fühlst und ich dir sage: »Ich glaube, ich kann dich gut verstehen!« Heute kann ich sagen: Der Weg, emotional unabhängig von Feedbacks zu werden, ist nicht leicht, aber er lohnt sich!

Ich dachte, ich wäre gut ...

Es war im Jahr 2011, an einem Donnerstagnachmittag, kurz nach 17 Uhr. Ich befand mich im zehnten Stock eines Berliner Hochhauses. Grauer Teppichboden, bodentiefe Fenster, vor mir saßen zehn Führungskräfte zwischen 30 und 40 Jahren. Wir waren mitten in der abschließenden Feedbackrunde eines dreitägigen Leadership-Seminars. Drei Teilnehmer hatten ihr Feedback schon abgegeben. Sie klangen hochzufrieden, wenn auch müde. Solche Seminare sind ja auch anstrengend. Jetzt kam Nummer vier dran und ich dachte im Stillen: »Oh, da bin ich jetzt aber gespannt. Der hat mich während der beiden Seminartage ziemlich mit seinen ausufernden, divenhaften Erklärungen auf Trab gehalten.« Diesen Teilnehmer immer wieder freundlich »abzumoderieren«, damit auch andere Raum be-

kamen, war wirklich nicht einfach gewesen. Gerne hätte ich ihn dazu einmal unter vier Augen gesprochen. Ich vermute, dass ihm nicht klar war, dass er damit andere nervte und seine Kollegen heimlich mit den Augen rollten, wenn er sprach. Aber in den Pausen war er leider nie greifbar gewesen.

Er räusperte sich theatralisch, machte eine längere Kunstpause und begann dann in abschätzigem Tonfall mit dem Satz: »Na ja, also ganz ehrlich: Ich hatte mir da schon ... mehr versprochen!« Es folgte eine ausufernde Beschreibung dessen, was ihm alles nicht gefallen hatte. Angefangen damit, dass er keine Rollenspiele mochte, die Tools für zu theoretisch hielt, außerdem hätten ihm Psychotests gefehlt. Für die Praxis tauge das alles nicht, denn mit Delegation habe er schließlich noch nie ein Problem gehabt. Darüber hinaus sei der Termin für ihn ohnehin total ungünstig und es daher wirklich eine Frechheit gewesen, dass die Personalabteilung ihn einfach für diese Schulung angemeldet hätte. Er hätte lieber einen Silberrücken aus dem eigenen Unternehmen als Trainer gehabt – und wenn schon, dann wäre das Ganze online besser gewesen. Dann hätte er nicht extra anreisen müssen.

So oder so ähnlich, ich kann mich nicht mehr an den exakten Wortlaut erinnern. Es waren auch nicht unbedingt seine Worte, die mich voll in die Magengrube trafen. Eher die Art, der Tonfall, die Körperhaltung, die abfälligen Handbewegungen und der abschätzige Blick. Ich saß da, ertrug irgendwie diesen jovialen Ton, der mich innerlich zur Weißglut brachte. Ich fühlte mich benutzt, ja, ein Stück weit misshandelt. Als würde er vor meine Füße spucken, mich vorführen. Ich hatte die ganze Zeit das Gefühl, er hatte Spaß dabei, und erinnerte mich schlagartig an Seminarsituationen, in denen er ebenso abfällig über seine Mitarbeiter gesprochen hatte. In seinem Feedbackschwall konnte ich ihn nicht bremsen. Ich konnte nichts machen, außer mit einem Pokerface dazusitzen. Irgendwo hatte ich gelernt, Feedback nicht zu kommentieren, Menschen ausreden zu lassen und mich möglichst auch noch zu bedanken. Woher kam das eigentlich? Egal, in dem Moment war nur ein Gedanke präsent: »Terry, das musst du jetzt über dich ergehen lassen. Da musst du durch.«

Ich war damals schon einige Jahre als Führungskräfte- und High-Potential-Trainerin unterwegs, hielt mich sicherlich nicht für unfehlbar, aber ich hatte bereits viele Unternehmen und Menschen kennengelernt. Außerdem war ich ehrgeizig und bei vielen sehr beliebt. Es gab Auftraggeber, bei denen fühlte ich mich absolut zu Hause. Ich stand hinter den Unternehmenswerten und all dem, was ich in den Inhouse-Seminaren vermitteln durfte. In diesen Fällen stammte die Agenda für die Veranstaltung meistens aus meiner Feder oder war zumindest in enger Abstimmung mit mir entstanden.

Dieses Unternehmen war eine Ausnahme: Es gab dort eine Seminaragenda, die es zu erfüllen galt – von allen Trainern. Bei der Festlegung der Themen war ich nicht einbezogen worden. Daran hatte ich mir die letzten Jahre ziemlich die Zähne ausgebissen und fragte mich immer wieder: »Wie moderiere ich das spannend? Kann ich dahinterstehen? Kann ich das so sagen?« Die ersten Jahre dort waren also harte Arbeit gewesen, ich hatte mich durchgekämpft und mich arrangiert, mit den Themen, mit der Art des Umgangs im Unternehmen und auch mit der schwierigen Übernachtungssituation – und das alles bei nur mittelmäßiger Bezahlung. Ich dachte: »Da muss ich durch!«, war tapfer, wie ich es schon als Kind gelernt hatte, und wusste: »Ich bin jung und brauche das Geld.«

Jetzt »dieses« Feedback. Ich war tief verletzt. Ja, vielleicht war es auch ein bisschen verletzter Stolz, denn ich hatte mir alles hart erarbeitet und in den letzten Jahren in diesem Unternehmen viele Fans unter den Teilnehmern gewonnen. In mir war also peu à peu der Gedanke aufgekeimt: »Ich bin gut!« Und dann dieses furchtbare Feedback! Ich kann heute nicht mehr sagen, ob es die Art war, wie der Teilnehmer es sagte, oder ob das Feedback zu einem unguten Zeitpunkt kam. Ich kann nur sagen: Es hat eine tiefe Wunde gerissen. Und es kam noch schlimmer!

Ich fuhr nach Hause und erzählte meiner Partnerin davon. Wahrscheinlich auch der Müdigkeit geschuldet, kullerten mir die Tränen über die Wangen und ich durfte mich mal richtig auskotzen. Ein paar Tage später informierte ich meinen Auftraggeber darüber, um ihn vorzuwarnen, falls ein kritisches Feedback über das Online-Bewertungstool auftauchen sollte. Er zeigte sich freundlich, sehr entspannt und murmelte mir ein aufmunterndes »Ach, das ist uns allen schon so gegangen!« zu.

Viele Wochen gingen ins Land. Ich arbeitete, ich hatte Freizeit – doch in vielen Momenten tauchte plötzlich wieder das Bild dieses Teilnehmers vor mir auf und mir wurde übel. Ich war reizbarer, nicht immer ganz bei der Sache und haderte tatsächlich mit meinem Beruf. Selbst vor dem Einschlafen führte ich unbewusst Selbstgespräche und formulierte den ein oder anderen Satz, den ich diesem miesen Menschen so gerne gesagt hätte.

Drei Monate später kam der Anruf einer Kollegin: »Du, Firma XY hat angerufen. Da gibt es jetzt ein Problem. Theresa, es tut mir furchtbar leid, dir das sagen zu müssen. Im elektronischen Bewertungssystem hat einer deiner Gruppe dir eine Fünf gegeben. Die haben im Personalbereich für das Feedback so eine Ampel, und die ist durch dieses eine Feedback auf Gelb-Rot gesprungen. Das heißt, in dein nächstes Seminar wird sich jemand aus dem Personalbereich dazusetzen, um zu schauen, ob du das richtig machst.«

Wieder kullerten Tränen der Wut über meine Wangen. »Unfassbar!«, dachte ich. »Dieser Arsch! Und überhaupt, dieses Unternehmen! Das können die nicht mit mir machen!« Ich fühlte mich so erniedrigt. So wenig wertgeschätzt. Ich hatte doch bereits mehr als 20 Gruppen durch dieses Seminar geführt. Mehr als 20 Mal eine grüne Ampel. Galt das denn gar nicht? Dann fragte ich: »Was steht denn genau in dem Feedback?«

Sie antwortete: »Der Teilnehmer hätte gerne einen Trainer gehabt, der über 50 Jahre alt ist und am besten aus dem eigenen Unternehmen kommt. Außerdem hätte er es lieber als Onlinetraining gemacht. Und er hätte gerne mehr Psychotests gemacht.«

Da ein kleiner Teil meines Verstands noch funktionierte, merkte ich an: »Okay, aber das sind ja keine Punkte, die ich als Trainerin beeinflussen kann. Warum will sich denn die HR-Abteilung* bei mir reinsetzen? Ich werde ja jetzt nicht schlagartig 20 Jahre älter und es ist Unternehmensvorgabe, diese Seminare in Präsenz statt online durchzuführen.« Aber da war nichts zu machen. Der Besuch stand fest.

In meinem Kopf entbrannte der Gedanke: »Ich bin im Personalbereich jetzt die Trainerin mit dem Makel!« Ich grübelte still und leise weiter: »Für die bin ich eine Nummer« – und fühlte mich gleich noch weniger wertgeschätzt. »Das ist also der Dank ...«, dachte ich und wurde dann trotzig. »Nein, das lasse ich nicht mit mir machen!« Aber hatte ich denn eine Wahl? Für die nächsten Monate hatte ich bereits

* HR = Human Resources. Der Begriff für die Personalabteilung vieler Unternehmen.

für sechs weitere Seminargruppen zugesagt. Das konnte ich nicht einfach absagen. So kurzfristig könnte ich diese Aufträge schließlich nicht ersetzen. Aber glaube mir: Ich habe darüber nachgedacht, alles hinzuwerfen.

Durch die Aussicht, dieses Unternehmen wieder betreten zu müssen und die Schmach zu erleben, dass ich im Seminar kontrolliert werden sollte, überkam mich großer Groll. Ich schlief wieder schlecht, kreiste gedanklich dauernd um dieses Thema, war ständig den Tränen nahe. Vermutlich war ich am Rande einer Depression oder auch schon ein Stückchen drin und meine Selbstzweifel wuchsen. Ich weiß noch, wie ich über ein Wochenende meine Eltern zum Skifahren besuchte und mir in der Après-Ski-Bar die Tränen kamen, als ich meinem Vater von der ganzen Sache erzählte. Er sagte liebevoll: »Mein Gott, Terry, weißt du: Von 1000 Leuten steht heute ein Idiot auf. Und manchmal hast du eben Pech. Dann steht der vor deiner Tür. Du musst lernen, damit umzugehen.«

Mein Verstand sagte: »Stimmt!«, aber gefühlsmäßig konnte ich das noch nicht verpacken. Bei mir kullerten weiter die Tränen. Meine Güte, war ich getroffen! Ich fragte mich ernsthaft: »Bin ich wirklich eine gute Trainerin?« Ich überlegte viele Wochen, ob ich mir einen anderen Job suchen sollte. Physiotherapie wäre doch was, das hatte mich schon immer interessiert. Und da musste man sich nicht ständig Bewertungen zu seiner Arbeit anhören wie als Trainer, wo man klassischerweise täglich fragt: »Welche Erkenntnisse hast du mitgenommen?« und manche Teilnehmer denken, du hättest gefragt: »Wie war ich?«

Drei Dinge haben mir aus dieser Krise geholfen:

1. Ich hatte in dieser Zeit so viele tolle Seminargruppen mit wundervollen Menschen, die mir mit Herzlichkeit begegneten und im Feedback sagten, dass meine Arbeit für sie wertvoll sei. Ich durfte erleben und lernen: Viele – und vermutlich sind es die allermeisten Menschen – meinen es im Alltag einfach gut mit einem. Und an denen kann und darf man sich stärken.

2. Ich hatte etwas höchst Interessantes in Erfahrung gebracht: Ich hatte ein paar Trainerkollegen von meinem speziellen Feedbackgeber erzählt und erfuhr, dass einige meiner tollsten Kollegen genau bei diesem Kunden in den letzten Jahren schon abgelehnt worden waren. Andere weigerten sich hingegen strikt, dort noch einmal tätig zu werden, weil sie die abschätzige Art so mancher Teilnehmer nicht mehr ertragen wollten. Seltsam … Als man mich Jahre zuvor gefragt hatte, ob ich dort Aufträge übernehmen wollte, hatte niemand ein Wort darüber verloren, wie herausfordernd und gruselig es dort sein könnte. Nur über die grandiosen Chancen, für diesen tollen Kunden arbeiten zu dürfen, hatten sie berichtet. Was als Ehre verkauft worden war, hatte sich als Haifischbecken entpuppt. So manchen Trainerkollegen nehme ich es heute noch ein wenig übel, dass sie mich so haben ins Messer laufen lassen.

3. Ich habe eine neue Sichtweise auf Feedbacks entwickelt und gelernt: Wenn ich im Seminar Feedback bekomme, dann geht es nicht um mich persönlich. Es geht auch nicht um meine Würde. Die steht bei Feedbackrunden überhaupt nicht zur Debatte. Es geht nur um das Seminar. Und ich kann heute sagen: **Ich bin nicht mein Seminar.** Diese Unterscheidung treffen zu können, war für mich extrem wertvoll. Bei dieser wichtigen Erkenntnis half mir eine Metapher, die ich mir selbst erdacht habe und die ich dir ebenfalls gerne mit auf den Weg geben möchte.

Die Winzerin und ihr Wein

Ich liebe meinen Beruf. Es ist mir wichtig, etwas Wertvolles für Menschen zu schaffen und ihnen zu helfen, ihre Potenziale zu entwickeln und dabei voller Lebensfreude zu sein – egal ob als Speakerin, Trainerin, Moderatorin, Coach oder Beraterin. Es ist, als hätte ich mich entschieden, Weißwein zu produzieren. Und zwar den besten Weißwein, den ich produzieren kann. Das ist meine Leidenschaft und auch mein Anspruch. Und von diesem besten Wein habe ich durch meine Erfahrung und mein Wissen eine bestimmte Vorstellung: spritzig, weiße Blüten, ein Hauch Pfirsich, schön mineralisch, nicht ganz so trocken. Täglich versuche ich also im Rahmen meiner Möglichkeiten, diesen Spitzenwein zu produzieren.

Dann lasse ich andere davon kosten. Schließlich will ich, dass andere Freude daran haben. Dafür ist er ja da. Doch unter denen, die ihn erschnuppern, verkosten und trinken, gibt es sehr unterschiedliche Weintrinker: Es gibt Menschen, für die ist dieser Wein genau richtig. Sie lieben ihn und werden zu Fans. Andere Menschen favorisieren hingegen andere Rebsorten, sie mögen es vielleicht fruchtiger oder trockener. Wenn ich Glück habe, finden sie den Wein trotzdem trinkbar und verbringen damit einen netten Abend. Sie sind keine Fans, aber zumindest Freunde. Und dann gibt es die eingefleischten Rotweintrinker. Sie lieben eben Rotwein, alles andere schmeckt ihnen nicht, und das darf auch genauso sein! Dass sie meinen Weißwein nicht mögen, hat weder mit dem Wein noch mit mir, der Winzerin, etwas zu tun. Es ist halt so. Und es ist völlig okay! Die meisten Rotweintrinker werden meinem Weißwein einfach aus dem Weg gehen. Sie sind Fremde. Der ein oder andere Rotweintrinker muss aber vielleicht – um sich als Rotweintrinker aufzuwerten und die Bedeutung seines Rotweins zu unterstreichen – meinen Weißwein abwerten. Vielleicht werden diese Menschen Feinde meines Weißweins. Daneben gibt es andere Weingutbesitzer, die einen ähnlichen Wein wie ich herstellen wollen und sich im Markt bedrängt fühlen. Der Konkurrenzdruck ist für manche so unangenehm, dass sie mit unfairen Mitteln alles tun, um mich niederzumachen – und schon habe ich einen sogenannten Hater. Auch das hat mit mir als Winzerin, mit mir persönlich, nichts zu tun!*

Meine drei wesentlichen Learnings lauten:

1. **Wir können keinen Wein produzieren, der jedem schmeckt.** Demnach werden wir – wenn wir mit unserem Verhalten oder unseren Produkten für etwas Bestimmtes stehen – automatisch Fans, Freunde, Fremde, Feinde und vielleicht auch Hater haben. Ganz egal, wie sehr wir uns anstrengen.

2. **Wir lernen am besten aus Feedback von Weinkennern und -liebhabern.** Das hilfreichste Feedback geben uns jene, die einem Winzer und seinem Wein prinzipiell wohlgesonnen sind, sich damit auskennen, Vergleichsmaßstäbe kennen und relevante Kriterien und Details in ihrer Beurteilung benennen.

3. **Wir sind nicht unser Wein.** Ob jemandem der Wein schmeckt oder nicht, ist völlig unabhängig davon, ob wir gute Menschen sind. Menschen kritisieren oder loben unser Verhalten oder zumindest das, was sie sehen, fühlen oder interpretieren. Etwas anderes können sie auch gar nicht bewerten, auch wenn ihnen das vielleicht nicht bewusst ist. Es geht niemals um uns als Person und schon gar nicht um unsere Würde. Diese ist bei Bewertungen anderer nie Gegenstand der Bewertung. Niemals!

Und wenn du mit deinem Wein einen Aperol-Spritz zusammenmixt und ihn verkosten lässt: Wozu bekommst du dann Feedback? Wir alle

* Falls du dich gerade fragst, ob ich tatsächlich Besitzerin eines Weinguts bin, muss ich sagen: Leider nein. Aber ich hätte nichts dagegen – und was nicht ist, kann ja noch werden.

arbeiten mit bestem Wissen und Gewissen manchmal unter seltsamen Rahmenbedingungen. Wie in meiner Seminarsituation: Vieles war vorgegeben. Ich musste viele Dinge tun, hinter denen ich damals nicht hundertprozentig stand. Ich habe versucht, aus den Rahmenbedingungen das Beste zu machen, aber ich war sicherlich nicht für alles verantwortlich.

Was hat das jetzt mit einem Aperol-Spritz zu tun? Ganz einfach: Das, was andere von uns erleben, ist immer die Mischung, die aus den Rahmenbedingungen und unseren Handlungen entsteht. Wir kippen unseren wohlmeinend besten Weißwein in eine Mischung aus Aperol, Wasser, Sekt, Eiswürfeln, Orangenscheibe und vielleicht noch ganz anderen Inhaltsstoffen, auf die wir keinen Einfluss haben. Wie lecker das wird, hast du durch deinen beigesteuerten Weißwein nicht komplett in der Hand. Das Gesamtergebnis wird getrunken und vom Gegenüber bewertet.

Wenn Menschen den Aperol-Spritz bewerten, ist unklar, wie gut sie deinen Weißwein herausschmecken konnten. Von daher kannst du dich bei allem, was deine Mitmenschen bewerten, immer fragen: »Welche Information steckt da für meinen Weißwein drin? Was ist denn genau auf mein Verhalten gemünzt? Und was bezieht sich auf die Rahmenbedingungen, auf die ich keinen oder nur wenig Einfluss habe?« Wenn ich heute auf Feedback schaue, mache ich mir immer bewusst: Es bezieht sich immer auf den Wein, vermutlich sogar eher auf den Aperol-Spritz, aber niemals auf den Winzer. Und wenn doch, dann ist es eine Frechheit und kein Feedback!

Weißt du, wofür du als Winzer stehst? Welchen Wein kreierst du mit aller Überzeugung?

Ende gut, alles gut

Den absoluten Hammer habe ich dir noch gar nicht erzählt. Denn es kam, wie es kommen musste: Ich sah ihn wieder! Ja, ihn! Ich hatte genau diesen Teilnehmer in den folgenden Jahren in drei unterschiedlichen Seminaren. Das war mir bis dahin noch nie passiert.

Beim ersten Mal dachte ich noch: »Oh nein, das darf einfach nicht wahr sein! Das habe ich nicht verdient.« Ich schlief die Nacht vor dem Seminar schlecht. An den beiden Seminartagen gingen wir uns aus dem Weg und ich versuchte, mich auf die anderen Teilnehmer zu fokussieren. Ich machte mir immer wieder klar: »Meine Würde ist nicht auf dem Tablett. Wenn er das Seminar scheiße findet, soll er!« Ja, ich stand unter erhöhter Anspannung und gab alles, damit es inhaltlich brillant war und ich mir nichts vorzuwerfen hatte. In der Abschlussrunde war er dann gar nicht mehr dabei. Schließlich hat so ein gefragter Mann auch sehr viele wichtige Termine. Hach, manchmal ist die Welt einfach schön!

Ich liebe starke Bilder. Aber was den Konflikt zwischen Marketing und Controlling betrifft, schießen Sie ein wenig übers Ziel hinaus.

Als er zwei Jahre später erneut auf meiner Teilnehmerliste auftauchte, lachte ich. Nicht nur innerlich, sondern hörbar. Ich dachte: »Liebes Universum, danke für nix!« Und was soll ich sagen? Ich konnte diesmal ganz gelöst mit ihm umgehen. Mein Groll war weg. Zu Beginn waren wir uns schon bei einer Tasse Kaffee kurz unter vier Augen begegnet und ich hatte ihm belustigt zugezwinkert mit den Worten: »Ich weiß ja nicht, wie du das machst, aber du hast dir mich als Trainerin echt nicht ausgesucht, oder? Wie kann man nur so ein Pech haben?« Er antwortete, ebenfalls amüsiert: »Ja, ich habe es auch nicht glauben wollen, als ich die Einladung für das Seminar las und schon wieder deinen Namen sah. Aber so schlimm wird's bestimmt nicht.« Wir mussten beide lachen. Das Seminar lief spitze, es machte zwei Tage lang Freude. Allen Teilnehmern – und mir auch.

Heute bin ich dem Universum dankbar, dass ich genau diesem Kritiker drei Mal begegnen und dadurch diese innerliche Reise erleben durfte. Diese Erfahrung hat mich als Mensch, als Trainerin und Speakerin enorm geprägt. Ich bin heute stärker, ich lerne immens aus Feedback und vor allem weiß ich, wofür ich stehe. Das hatte ich mir vorher nämlich nie so richtig klar gemacht.

Persönlichkeit, Expertise und Haltung: Erst durch diesen Teilnehmer wurde mir klar, dass ich nie wieder Aufträge annehmen würde, hinter denen ich nicht stehe. Ich hörte auf, es allen recht machen zu wollen und nur zu fragen: »Wie wollt ihr es denn haben?« (Zumal man bei dieser Frage auch selten eine klare Antwort bekommt, was einen dann noch mehr stresst und hilflos interpretieren lässt.) Stattdessen arbeitete ich an meiner Einschätzung zu Themen und meiner Empfehlung für den Umgang mit speziellen Situationen im Unternehmen und sehe das bis heute als fortlaufenden Prozess. Ich machte mir bei vielen Dingen klar, was ich für richtig hielt. Ich habe meinen Stil entwickelt und erarbeitet, wofür ich stehe. Diese persönliche Reise der intensiven Auseinandersetzung zur eigenen Haltung und Persönlichkeit ist vermutlich nie zu Ende. Ich habe also »meinen

Weißwein« kreiert, prüfe ihn fortdauernd und entwickle ihn weiter. Und ich habe für mich klargestellt: Wer diesen Weißwein, also meine Dienstleistung, mag, kann mich als Trainerin oder Speakerin gerne buchen.* Wer etwas anderes möchte: Kein Problem! Der darf mich rausschmeißen oder als Anbieter völlig ignorieren.

Mission: Durch meine Erfahrung ist mir klar geworden, dass es vielen Menschen vermutlich genauso ergeht wie mir. Dass unsinnige Verletzungen sie hindern, ihr Potenzial zu entfalten. Durch Coachings weiß ich, dass vielen ein Feedback von früher – von einem Lehrer, einem Nachbarn, einem Chef oder einer verflossenen Liebe – so arg in der Magengrube hängen geblieben ist, dass sie sich in bestimmten Bereichen des Lebens scheuen, etwas anzupacken. Sie sind übervorsichtig oder ängstlich, wollen es immer allen recht machen. Mir wurde bewusst, welchen Beitrag ich hier allein in Einzelcoachings leisten konnte! Ich fing an, Feedbackgeschichten zu sammeln. Eigene und solche von Menschen, die in den verrücktesten Situationen ganz außergewöhnlich bescheuertes oder auch angebrachtes Feedback erhalten haben. All das hat mich letztlich zu diesem Buch inspiriert.

Erfolg: Nachdem ich meinen Wein kreiert hatte und in diesem Haifischbecken eine andere innere Einstellung hatte, nämlich »Wenn euch mein Seminar (Weißwein) nicht gefällt, dürft ihr mich sehr gerne rausschmeißen!«, wurde ich schnell zur beliebtesten Trainerin bei diesem Kunden. Interessanterweise ergeht es nicht nur mir so: Viele meiner Kunden berichten mir Ähnliches, nachdem sie gelernt haben, sich mit Feedback anders auseinanderzusetzen. Sie treten

* In unserem Hause von Maxeiner & Nagel sind wir natürlich nicht alle gleich: Die tollen Trainer-, Coaches und Moderatoren-Kollegen punkten durch ihre Persönlichkeit und Expertise – und das ist auch gut so!

stärker auf, erhalten Anerkennung und es scharen sich Unterstützer um sie.

Trotz aller Dankbarkeit für diese Erfahrung möchte ich eines klarstellen: Hätte mir damals jemand gesagt: »Terry, sei dankbar für diesen Moment des Schmerzes. Du wirst daraus lernen und daran wachsen« – ich hätte denjenigen mit dem Hintern nicht mehr angeschaut! Nein, so etwas will man nicht hören, wenn man so verletzt ist! Das kennst du sicher auch, oder? Und weil ich weiß, wie furchtbar sich das anfühlt, werde ich dir jetzt nicht sagen, du sollst dankbar sein. Schon gar nicht sage ich: »Bedanke dich bei deinem Kritiker.« Nein! Ich erzähle dir lieber ein paar Geschichten.

3 Feedbackgeschichten: Die Geisterbahn des Alltags

Feedbacksituationen gleichen einer Geisterbahnfahrt, wenn man sich anschaut, was sich da Absurdes, Irrwitziges und Erschreckendes zeigt. Jede der folgenden Geschichten stammt aus dem täglichen Leben. Die Storys sind echt, aber verfremdet und abgewandelt, sodass gewährleistet ist, dass alle handelnden Personen geschützt sind. Ich möchte niemanden abwerten – weder Feedbackgeber noch -nehmer!

Natürlich kann ich mir vorstellen, dass Sie ein Dax-Unternehmen leiten. Das war jetzt Quatsch von mir.

Ich bin ihnen stattdessen zu höchstem Dank verpflichtet für diese lehrreichen Situationen. Jede Geschichte beleuchtet verschiedene Gründe und Hintergründe, warum wir Feedback nicht immer allzu ernst nehmen sollten. Im Anschluss an jede Anekdote finden sich ein paar meiner Lessons learned. Vielleicht entdeckst du für dich aber auch weitere Aspekte, die dir helfen, Rückmeldungen in Zukunft besser zu begegnen. Eines haben alle der folgenden Geschichten gemeinsam: Die Moral von der Geschicht'? Zu Herzen nimm dir Feedback nicht!

Die beste Sportmassage der Welt

Es war in einem Urlaub auf Fuerteventura in einer wunderschönen Ferienanlage. Ich kam abends vom Tennisplatz und hatte gerade ein Hammer-Match hinter mir, war fix und fertig. Glücklich und müde lief ich quer durch den Hotelkomplex und hatte nur noch einen brennenden Wunsch: eine geniale Sportmassage! Doch während ich Richtung Wellnesscenter lief, überkam mich ein ungutes Gefühl. Ich fragte mich: »Ob die hier wohl eine wirklich gute Sportmassage machen?« Da hatte ich schon viel Mittelmäßiges, selten Gutes erlebt.

Eine Sportmassage beherrscht nun mal nicht jeder. Zudem waren meine Ansprüche sehr hoch, denn ein guter Bekannter war Physiotherapeut beim 1. FC Bayern. Seit ich in den Genuss gekommen war, wusste ich, dass Welten zwischen einer guten und einer mittelmäßigen Sportmassage lagen. Zugegeben: Bei ihm hatte ich die Schmerzen meines Lebens, hatte ins Kissen gebissen, geheult und diesen Typen verflucht. Aber danach war ich jedes Mal wie ein junges Reh und mindestens drei Zentimeter größer von der Liege gesprungen. Ich meinte also zu wissen, wie sich eine richtig gute Sportmassage anfühlen musste. Während ich an der Pool-Landschaft vorbeilief, kamen mir erneut Zweifel, ob eine Sportmassage in diesem Wellnesscenter eine gute Idee wäre. Doch dann sagte ich mir: »So schlimm wird's schon nicht werden.«

Wie es der Zufall wollte, war direkt ein Termin frei. Ich wurde von einer jungen Therapeutin in einen kleinen Raum geführt, in dem sanfte Musik lief. Es duftete nach Vanille und an den Wänden hingen die klassischen Stein-auf-Stein-mit-Lilie-Bilder; weich gezeichnetes Wasser umspielte Kieselsteine neben einer sitzenden Buddha-Figur. Meine Zweifel wurden stärker, aber jetzt war es zu spät. Dann setzte die Masseurin die Hände an. Und was soll ich sagen? Es dauerte keine 30 Sekunden und ich heulte wie ein Schlosshund vor Schmerzen. Es war genau so, wie es sein sollte! Es waren genau die richtigen Punkte, es war genau der gleiche Schmerz. Ich biss ins Handtuch und dachte: »Wow, die kann was! Das machst du noch mal!« Nach guten 45 Minuten sprang ich glückselig von der Liege, gab ihr gerne ein üppiges Trinkgeld und machte mich auf den Weg zum Abendessen.

Beim Dinner erzählte ich meiner Freundin von meinem tollen Erlebnis. Sie war hingegen gar nicht begeistert vom hiesigen Wellnesscenter und erzählte mir daraufhin von ihrer Erfahrung. Sie hatte sich dort eine Fußmassage gegönnt. Offenbar war ihre Masseurin, eine ebenfalls junge Mitarbeiterin, wohl etwas weniger talentiert gewesen als meine: »Also, das war ja eher nur ein Streicheln. Da ist nicht viel passiert. Und stell dir mal vor, irgendwann sagt die doch in gebrochenem Deutsch, ich hätte was an der Halswirbelsäule. So ein Quatsch! Also, das wüsste ich ja wohl, wenn ich was an der HWS hätte!« Zum besseren Verständnis: Sie ist Ärztin für Anästhesie und Intensivmedizin. Und sie ist eine der wenigen Personen in meinem Umfeld, die sich auf dem neuesten Stand hält, sich ständig weiterbildet und sich dabei auch noch für die verschiedensten medizinischen Bereiche interessiert.

»Die arme Frau!«, dachte ich mitfühlend und hatte die junge Mitarbeiterin vor Augen, die diese offenbar unsägliche Diagnose ausgesprochen hatte. Es ist für Mitarbeiter in Wellnessberufen bestimmt knifflig, wenn sie unwissentlich Mediziner als Kunden haben, die jedwede Erklärung über Heilungszusammenhänge oder Wundermittel mit einem Augenrollen und Räuspern quittieren, sich aber nicht als Profis zu erkennen geben. Andererseits kann ich auch verstehen, dass Ärzte nicht immer Lust haben, biochemische Wirkungszusammenhänge zu erklären, die die Verheißungen eines Wundermittels oder angebliche körperliche Zusammenhänge widerlegen. Das will ja auch nicht jeder Therapeut hören.

Während wir nach dem Dinner den fuerteventurischen Sonnenuntergang genossen, quittierte sie die Erfahrung mit einem: »Na ja, das junge Mädel hat's probiert und wollte sich vielleicht ein bisschen wichtigmachen. Was soll's.« Wir stießen mit einem Glas Rosé darauf an, am nächsten Tag noch einmal zu meiner Koryphäe von Masseurin zu gehen und uns einen Termin für eine Sportmassage geben zu lassen.

Am Tag darauf standen wir am Tresen und ich begann, die Masseurin vom Vortag zu beschreiben, zückte auch schon den Kalender und sagte: »Für die Frau nehme ich mir jede Zeit!«, als sich die Servicemitarbeiterin verlegen räusperte. Dann sagte sie: »Es tut uns leid. Wir haben diese Mitarbeiterin entlassen!«

»Was?«, fragte ich entsetzt. »Wieso denn das?«

Sie antwortete: »Es haben sich zu viele deutsche Urlauber beschwert, sie würde zu fest massieren.«

Unfassbar, sie hatten tatsächlich ihre Koryphäe gehen lassen! Vielleicht die Einzige in diesem Wellnesscenter, die sich wirklich auskannte und gute Arbeit machte. Sicherlich könnte sie auch eine sanfte und gefühlvolle Hot-Stone- oder eine aromatische Kräuterstempel-Massage nach allen Regeln der Kunst durchführen, wenn sie dafür gebucht würde, dachte ich. In meinem Kopf sah ich sie vor mir: die deutschen Urlauber, deren »Lieblingssport« darin bestand, zum Buffet zu rennen. In mir entstanden Bilder von »echten Kerlen« mit Bierbauch und zierlichen Damen ohne Rückenmuskulatur, die leicht alkoholisiert oder vollgefuttert an diesem Tresen standen und – als Alternative zum Sport – lieber eine Sportmassage buchten. Für das gute Gewissen. Wahrscheinlich hätte es eine gefühlvolle Relaxmassage auch getan, aber »Sportmassage« klang eben besser.

Meine kurze Analyse der Gründe für die Entlassung sah folgendermaßen aus: Zunächst einmal hatten Menschen aufgrund ihrer eigenen Inkompetenz etwas Falsches bestellt. Weiterhin konnten sie die Fähigkeiten der Masseurin nicht einschätzen und mussten dann in ihrer geballten Unwissenheit auch noch massiv Feedback geben. Das Hotelmanagement konnte die mangelnde Bewertungskompetenz der Feedbackgeber nicht einschätzen oder war nicht fähig, die Kunden richtig aufzuklären. Der einfache und schnelle Weg war, dieser Mitarbeiterin zu kündigen. Ich war so erschüttert, dass ich dem Leiter des Wellnesscenters sogar einen Brief schrieb in der Hoffnung, dass er die wunderbare Masseurin wieder zurückholte oder die Kunden zumindest darüber aufklärte, welche Art von Massage sich hinter welchem Begriff verbarg. Ob dieser Brief Wirkung gezeigt hat, habe ich leider nie erfahren. Aber ich denke noch oft an diese Topmasseurin zurück und hoffe inständig, dass die Kündigung damals nicht an ihrem Selbstbewusstsein genagt hat und sie nun in einem Umfeld arbeitet, das ihre Fähigkeiten zu schätzen weiß.

Drei Monate später, wieder zurück in Deutschland, erhielt ich übrigens einen Anruf der Ärztin. Sie klang etwas zerknirscht: »Du, das plötzliche Kribbeln in meinem linken Arm ist jetzt geklärt. Der Orthopäde hat anhand der MRT-Bilder einen doppelten Bandscheibenvorfall an meiner Halswirbelsäule festgestellt.« Erst viel später erinnerte ich mich an unseren Urlaub auf Fuerteventura, an den Hinweis der Masseurin – und wollte es schier nicht glauben.

Mir wurde durch diese Geschichten im Nachhinein einiges klar.

Nicht jeder Feedbackgeber ist vom Fach

Wie oft urteilen Menschen über ein Thema, das sie fachlich gar nicht einschätzen können? Oder wir werden nach unserer Meinung gefragt oder tun sie von uns aus kund, obwohl wir von dem Thema im

Grunde keine Ahnung haben. Einschätzungs- oder Bewertungskompetenz des Feedbackgebers? Mangelhaft! Unsere Meinungen sind oft schlichtweg grobe Fehleinschätzungen!

Wenn du die Wahl hast, höre dir also lieber die Meinung von wirklichen Fachleuten an. Natürlich kannst du dir auch Rückmeldungen von anderen Menschen einholen, denn deren Perspektive kann mitunter durchaus interessant sein. Sei dir aber der hohen Fehlerwahrscheinlichkeit bewusst. Was für Kritik gilt, gilt gleichermaßen für Lob: Wenn Menschen dich loben, die wenig Ahnung haben, halte dich bitte nicht gleich für eine unfehlbare Koryphäe, sondern arbeite weiter an deinen Fähigkeiten!

Auch Fachleute können sich irren

Selbst wenn jemand vom Fach ist, kann derjenige mit seiner Einschätzung voll danebenliegen, wie die Ärztin bei der Beurteilung der Fußmasseurin auf Fuerteventura. Wahrscheinlich ist dir das in deinem Fachgebiet auch schon mal so ergangen. Das kann an vielen Dingen liegen: an der Tagesform, einem blinden Fleck, einem Informations-Overload oder was auch immer. Deswegen ist Feedback von nur einer Person – auch wenn diese fachlich versiert ist – aus meiner Sicht oft wenig aussagekräftig.

Koryphäen werden oft verkannt

Wenn du auf einem Fachgebiet außergewöhnlich gut bist, liegt es in der Natur der Sache, dass sich die meisten anderen Menschen kein valides Urteil über deine Arbeit bilden können. Sie sehen vielleicht nur einen kleinen Ausschnitt deines Tuns und wissen zu wenig über die Hintergründe, um dir ganzheitliche oder valide Bewertungen liefern zu können. Auf dieses Problem treffen viele Fachleute, die von weniger versierten Menschen Feedback erhalten (und erleiden).

Wer zum Beispiel nach einer Operation die ärztliche Behandlung in der Klinik bewertet, kann den Ablauf der OP und andere Maßnahmen kaum einschätzen und beurteilt daher nur das fehlende Lächeln bei der Visite und den weniger schmackhaften Sauerbraten. Die Kunstfertigkeit der Nähte und das Durchhaltevermögen der Ärzte in der sechsstündigen Operation bekommt man als Patient in der Regel ja nicht mit. Vor diesem Hintergrund ist es natürlich ebenso albern, wenn 80 Millionen Deutsche beim Fußball kluge Sprüche klopfen und es vermeintlich besser wissen als die Trainerriege: »Wie kann man so dämlich sein, diesen Ball abzugeben?«

Falls du in solch eine Feedbacksituation gerätst und es keine Rufschädigung für dich bedeutet: Lass die Leute reden! Und schau genau, welche Feedbackgeber du um dich scharst, um weiter wachsen zu können. Natürlich wird es da dünn und valides Feedback kann entsprechend teuer werden. Klar kannst du auch Menschen nach ihrer Meinung fragen, die sich weniger auskennen als du. Vielleicht schenken sie dir eine neue, wichtige Perspektive. So manche Bewertung wird für dich als Koryphäe aber irrelevant sein und du kannst sie einfach an dir vorbeirauschen lassen. Sollte das fachlich so unpassende Feedback öffentlich sichtbar sein – zum Beispiel in einem Onlineportal –, wehre dich freundlich, aber klar mit einem Statement aus deiner fachlichen Perspektive, jedoch ohne den Feedbackgeber unnötig abzuwerten.

Meinung macht wichtig und hat einen Preis

Ob im Hotel, beim Onlineshopping oder in der Smartphone-App, überall heißt es: »Bitte bewerten Sie unseren Service.« Ich vermute, dass allein aufgrund der Menge an Feedbackanfragen, die täglich auf uns einprasseln, unsere Bereitschaft, an so etwas mitzuwirken, sehr stark abgenommen hat. Und ich wage außerdem zu behaupten: Viele Organisationen sind nicht unbedingt an unserer Rückmeldung interessiert. Sie bezwecken mit ihrer Frage etwas anderes. Denn: Egal ob wir als gefragter Feedbackgeber mitmachen oder nicht, wir fühlen uns in jedem Fall wertgeschätzt und wichtig. Warum? Weil unsere Rückmeldung gefragt ist – und damit *wir* gefragt sind. Wir sind wichtig. Eine solche Anfrage triggert unsere Dopaminausschüttung, ein Glücksbotenstoff in unserem Gehirn, und damit fühlen wir uns besser und stärker. Logischerweise haben Unternehmen etwas davon, wenn sich ihre Kunden wichtiger und wohler fühlen: Wer sich wertgeschätzt fühlt, kommt oder kauft gerne wieder. Ich vermute, in dem fuerteventurischen Hotel wurde mit der Gästebefragung ebenfalls bezweckt, dass die Gäste sich aufgewertet fühlten und bei Missfallen einer Tatsache ein Ventil für ihren Ärger hatten. Einen versierten Umgang mit den Antworten, ein sinnvolles Beschwerdemanagement kann ich dem Wellnesscenter aber nicht attestieren, wenn es aufgrund einer Rückmeldung Hals über Kopf eine Mitarbeiterin feuert.

Wenn du also den Leuten ein gutes Gefühl geben willst, frage sie nach ihrer Meinung. Wenn du ihnen ein super Gefühl geben willst, frage sie, was sie besser machen würden. Aber die Sache hat einen Preis: Sei dir bitte bewusst, dass die eine oder der andere auch antworten wird. Damit musst du als Feedbacknehmer umgehen können, emotional und inhaltlich. Beim emotionalen Umgang mit Feedback hilft dir dieses Buch. Es gibt dir viele Ideen für neue Perspektiven, mögliche Einschätzungsfehler, emotionale Färbungen und Verzerrungen et cetera. Inhaltlich wirst du – insbesondere wenn du viele Rückmeldungen auszuwerten hast – statistische Grundlagen benötigen, um keine falschen Schlüsse zu ziehen.

Der zweite Preis, den wir zahlen, wenn wir andere um ihre Meinung bitten, ist, dass sie möglicherweise erwarten, ihren Rat zu befolgen oder entsprechend ihrer Rückmeldung zu handeln. Wenn Unternehmen zum Beispiel Umfragen zur Mitarbeiterzufriedenheit machen, gibt es nichts Schlimmeres, als wenn danach mit den Ergebnissen nichts passiert. Dass Feedback im engeren Sinn für beide Seiten ein freiwilliger Akt ist und es dem Feedbacknehmer somit freisteht, etwas zu ändern oder nicht, weiß der Feedbackgeber leider oft nicht.

Solltest du also Menschen ein gutes Gefühl geben wollen, indem du sie nach ihrer Meinung fragst, gehe emotional gut mit ihren Antworten um, interpretiere sie weise und überlege dir vielleicht schon im Vorfeld, was du diesen Personen sagen willst, was du mit ihren Aussagen zu tun gedenkst.

Sie sind der Abstieg

Vor einigen Jahren begegnete mir im Coaching Beate, eine äußerst sympathische und versierte Key-Account-Managerin. Sie war Mitte 30, hatte zu diesem Zeitpunkt mehrere Großkunden und fuhr für diese regelmäßig quer durch Deutschland. Wann immer ihre Kunden wichtige Fragen hatten oder Teams bezüglich der Produkte geschult werden mussten, schwang sie sich ins Auto. Ihr schien kein Weg zu weit und zudem war sie fast immer telefonisch erreichbar – sogar während unseres Coachings.

Ihr Projekt wurde nicht in die Tonne getreten … es wurde lediglich ein Stückweit nach unten priorisiert.

Wenn ich Beate weiter beschreiben müsste, würden mir Worte einfallen wie: kompetent, attraktiv, stets schick gekleidet, sehr freundlich, professionelles Auftreten. Schon damals war sie eine der echten Potenzialträgerinnen in ihrem Unternehmen. Es wunderte mich daher gar nicht, dass sie in der Seminargruppe unseres Talentprogrammes schon nach kurzer Zeit zu einer Instanz wurde, die auf jeden Fall gehört und deren Vorschläge befolgt wurden. Bei all ihren Kunden und Kollegen war sie sehr beliebt.

Im Einzelcoaching lernte ich sie jedoch seltsam unsicher kennen. Ich sprach sie darauf an und es dauerte nicht lang, bis sie mir von ihrem Horrorkunden erzählte, offenbar ein ganz furchtbarer Mensch, der sich ihr gegenüber immer unverschämt verhielt. Mehrfach hatte sie schon versucht, ihn an Kollegen abzugeben. Leider erfolglos. Wenn sie anlässlich eines gemeinsamen Termins den Raum betrat, sprach er sie mit den Worten an: »Sie sind für mich ja der Abstieg!« Oder er stöhnte bei ihrem Anblick; »Ach herrje, wenn Sie den Raum betreten, kann es nur noch ein schlechter Tag werden.« Und das alles überhaupt nicht witzig, sondern in einem sehr abfälligen Tonfall. Seine Körpersprache interpretierte sie ebenfalls immer als abweisend.

Da half es ihr herzlich wenig, dass ihr Chef und ihre Kollegen immer hinter ihr standen und so viele Kunden zufrieden mit ihr waren. Der Kontakt mit diesem Kunden raubte ihr immense Energie. Unzählige Stunden dachte sie darüber nach, was sie das nächste Mal entgegnen könnte, wie sie sich verhalten sollte et cetera. Auch mit ihrem Mann redete sie häufig über diesen Menschen, insbesondere wenn neue Termine mit ihm anstanden oder der letzte gerade vorbei war.

Mittlerweile nimmt dieser Kunde kaum noch Platz in Beates Leben ein. Stattdessen ist da nun viel Raum für Schönes! Ich bin sehr froh, dass sie einen guten Weg für sich gefunden hat, mit Rückmeldungen und Frechheiten umzugehen. Folgende Erkenntnisse hatte meine Klientin.

Machtspielchen und Abwertung sind Teil der Verhandlungsstrategie

Beate wurde im Rahmen des Coachings bewusst, dass dieser Kunde versuchte, sie einzuschüchtern, um bei Verhandlungen im Vorteil zu sein. Manche Kunden spielen eben gerne ihre Macht aus. Sie versuchen, andere kleinzuhalten, und wollen psychologischen Druck ausüben. So unsympathisch dieses Vorgehen erscheinen mag: Dieses Verhalten ist weit verbreitet. Viele Vertriebsmitarbeiter werden von potenten Kunden oder Einkäufern oft gezielt beschimpft oder verunsichert, um einen satten Rabatt herauszuschlagen. Partnerschaftliches Verhalten zwischen Unternehmen sieht anders aus und wäre mit Sicherheit nachhaltiger. Zumindest ist das meine Meinung. Doch nicht jeder kann es sich leisten, prinzipiell auf Aufträge von Unternehmen zu verzichten, die solche Spielchen spielen.

Ein Verkäufer erzählte mir, dass er vor einem Pitch – also der Vorstellung seines Beratungsangebots im potenziellen Kundenunternehmen – mehrere Stunden in abgedunkelten Räumen warten musste. Er bekam in dieser Zeit und während der Präsentation kein Mineralwasser, die Zuschauer warfen abwechselnd abfällige Bemerkungen ein, kamen und gingen, ohne dass er irgendwie Kontakt zu ihnen hätte aufbauen können. In solchen Unternehmen wird potenziellen Lieferanten im Prinzip gezeigt: »Wir brauchen dich nicht.« Das erklärte Ziel ist, den Preis zu drücken. Es ist eine hohe Kunst, dieses Verhalten nicht persönlich zu nehmen, sich nicht erniedrigen zu lassen und stattdessen unbeirrt und mit viel Energie seine Produktpräsentation durchzuziehen. Denn: Es gibt Unternehmen, die einfach mit jedem potenziellen Lieferanten so umgehen. Es gehört zu ihrer Unternehmensstrategie und ist nichts Persönliches.

In einer meiner letzten Verhandlungen erlebte ich etwas Ähnliches, wenn auch nicht derart unter der Gürtellinie. Nachdem der Einkäufer mitbekommen hatte, dass ich ziemlich gute Karten bei seinem Chef hatte, nickte er mir erst anerkennend zu und sagte dann betont lässig: »Ja ja, wo Licht ist, da ist auch Schatten …« Das ließ er dann unkommentiert im Raum stehen. Netter Versuch. Ich schmunzelte innerlich, denn mir war klar: Das war pure Strategie und keinesfalls persönlich gemeint.

Vielleicht hast du auch solche Kunden, die erreichen wollen, dass du mehr Service für weniger Geld bietest, dass du immer pünktlich bist, dass du für sie mehr leistest als für andere Kunden et cetera. Deshalb solltest du dir immer wieder klarmachen: »It's a game!« Es geht dabei nicht um dich, es ist ein Spiel mit der Macht. Es ist nichts Persönliches. Jeder an deiner Stelle würde so behandelt werden. Spiel einfach mit und spiel besser!

Du wirst so behandelt, wie du es zulässt

Was mich im Coaching mit Beate so schockierte, war nicht nur das Verhalten des Kunden. Genauso schockierend war für mich, dass meine Klientin so etwas immer wieder mit sich machen ließ. Sie schien es jedes Mal still zu ertragen, agierte weiter freundlich im Gespräch, so als wenn nichts wäre.

Durch das Coaching beschloss Beate: »Ich kann weiterhin professionell sein, aber ich werde das nicht mehr tolerieren und diese Frechheiten unterbinden.« Zunächst machte sie sich klar: Wo war ihre Grenze? Was war noch okay und was wollte sie sich fortan nicht mehr bieten lassen? Was wollte sie stattdessen? Dann fing sie an, Grenzverletzungen anzusprechen: »Herr Klausen, Sie werden verstehen: Das geht zu weit« oder »Das finde ich nicht in Ordnung« oder »Ich möchte, dass Sie wissen: Wenn Sie mich noch einmal eine Stunde warten lassen, werde ich nicht mehr zu Ihnen kommen.« Diese und ähnliche Statements lernte Beate klar und entschieden auszusprechen, ihrem Gegenüber dabei in die Augen zu schauen und mit ihrer gesamten Körpersprache zu signalisieren: »Ich meine das ernst!«

Eine weitere Verhaltensänderung war, dass Beate sich nun auch selbst ernster nahm und als gestandene Persönlichkeit auftreten konnte. Schon beim nächsten Termin fühlte sie sich tatsächlich so gestärkt, dass ihr auf eine freche Bemerkung des Kunden sogar eine flapsige Retourkutsche entglitt, die Herrn Klausen erst irritierte, dann aber zum Schmunzeln brachte und die Konversation in einen neuen Modus lenkte. Geschafft!

Frechheiten sind kein Geschenk – oder doch?

Klar, einen unangenehmen Kunden wollen wir eigentlich nicht mal geschenkt. Danke für nix! Und wir fragen uns vermutlich mehr als einmal: »Womit habe ich den bloß verdient? Ich habe das nicht bestellt. Falsche Lieferung.« Aber: Geschenke kann man sich eben manchmal nicht aussuchen. Die bekommt man ungefragt – ob man sie haben will oder nicht. Solche unerwünschten Geschenke des Lebens lehren uns aber, dass wir unsere Hausaufgaben machen müssen, etwa unseren Selbstwert stabilisieren, Grenzen definieren und für sie einstehen, unsere Methoden weiterentwickeln oder unser inneres Gleichgewicht ausbalancieren, sodass uns nichts mehr so leicht aus der Bahn wirft.

Wenn dir angesichts eines solchen Kunden jemand sagen würde: »Schau doch mal, welch eine Chance, wie lehrreich!«, würdest du die Person vermutlich am liebsten erwürgen. Insbesondere gute Wachstumsgelegenheiten machen in dem Moment, in dem wir sie erfahren, oft gar keinen Spaß, sind schmerzhaft, frustrierend und ärgerlich, vielleicht sogar beängstigend. Wir würden alles dafür geben, das Problem – den fiesen Feedbackgeber – schnellstmöglich loszuwerden. Einfach zum Mond schießen. Das wär's doch, oder?

Leider wissen wir aus Erfahrung, dass es oftmals gerade diese ganz ätzenden Momente waren, die uns zu der Persönlichkeit haben reifen lassen, die wir heute sind. In der Bewältigung von Krisen oder Herausforderungen erlangen wir neue Fähigkeiten, erhalten frische Einsichten in die Welt, sortieren unsere Werte neu und reifen als Persönlichkeit. Willst du das missen? Vielleicht. Aber du hast ja gar nicht wirklich die Wahl. Willst du dich bei dem Feedbackgeber dafür bedanken? Ich finde: Das musst du nicht. Aber wenn es dir hilft, kannst du dir, wenn du wieder mal auf ein solches Geschenk triffst, ja innerlich sagen: »Danke, dass du mich an meine Hausaufgaben erinnerst. Du (Arsch) bringst mich auf das nächste Level.«

Am Steg verhungert

An einem bayrischen See machte ich 2017 einen Segelkurs. Ein paar Monate später war ich dann für die theoretische und praktische Prüfung angemeldet: Sportbootführerschein-Binnen für Segel und Motor. Segeln konnte ich bei meiner Anmeldung schon ganz passabel, aber Motorboot war ich bis dahin noch nie gefahren. An sich fand ich das auch nicht so prickelnd, aber für die Prüfung musste ich das eben auch beherrschen. Außerdem dachte ich: »Schaden kann es ja nicht, ein Motorboot fahren zu können, oder?« Also galt es, vor der Prüfung noch schnell zu lernen, wie man so ein Ding steuert. Alle meine Bekannten sagten, das wäre gar nicht so schwer. Daher hatte ich mir fix zwei Privatstunden organisiert, die ich optimal nutzen wollte, denn ich hatte in der kommenden Woche Prüfung und die wollte ich auf jeden Fall bestehen. Also: Volle Konzentration und alles mitnehmen, was geht!

Als ich in das schicke Motorboot stieg, zeigte der Lehrer mir einige Manöver wie das Drehen auf der Stelle oder das Stoppen (Aufstoppen). Das funktionierte auch bei mir sehr gut und ich war guter Dinge. Und es macht mir sogar Spaß! Zum Schluss kam dann das Anlegen am Steg und ich merkte: »Ui, das hat es in sich.« Das Anlegen ist eine besonders wichtige Kunst, vor allem wenn man ein nobles Boot führen darf, an das möglichst kein Kratzer kommen soll. Gleichzeitig will man ja auch nicht die Peinlichkeit erleben, einen halben Meter neben dem Steg zu landen, um dann noch einmal neu ansetzen zu müssen. Ich lernte: Am Steg zu verhungern ist peinlich. Da warten ja meistens auch schon Menschen, die das haarklein mitbekommen. Also: Anlegen üben, Terry!

Bei meinen ersten Anlegemanövern kam ich ganz schön ins Schwitzen. Gefühlt musste ich tausend Dinge gleichzeitig und in der richtigen Reihenfolge tun, und das Timing musste auch noch perfekt sein. Steuerrad und Gashebel bedienen, die Geschwindigkeit einschätzen und abschätzen, wie weit das Boot im Leerlauf noch gleiten würde. Mir wurde schnell klar: Ein Gefühl für das Driftverhalten eines Boots bekam man nur durch mehrfaches Driften und nicht nach einmaligem Anhalten. Leider. Noch kniffliger wurde es durch die Wellenbewegung, die das Boot mal schneller, mal langsamer an den Steg drückten. Auch das Verhalten des Boots durch das Ruder, das ja rückwärts andersherum funktioniert als beim Vorwärtsfahren, war gewöhnungsbedürftig. Nicht zuletzt spielte die Stärke des Windes eine Rolle, der mein Boot vielleicht in eine Richtung drückte, in die es gar nicht sollte.

Auf all diese Dinge konzentrierte ich mich gleichzeitig. Zumindest versuchte ich es. Beim ersten Anlegen half der Lehrer noch etwas mit und das Boot legte perfekt und sanft am Steg an. Beim zweiten Mal sollte ich es alleine versuchen. Voll konzentriert hielt ich auf den Steg zu, ging im Kopf immer wieder alle Variablen durch und versuchte, die perfekte Stelle für das Anlanden, den perfekten Moment fürs Gaswegnehmen, den Rückwärtsgang und die Intensität des Lenkens zu finden. Mittlerweile waren die Wellen wegen einer Fähre stärker geworden und irgendwie landete ich trotz aller Bemühungen 20 Zentimeter weiter vorne und kam glatt drei Fußlängen neben dem Steg zum Stehen. Blöd. Verhungert. Ich wollte gerade für den nächsten Versuch zurücksetzen – und da kam er, dieser superdämliche Satz des Lehrers: »Jetzt warst du aber unkonzentriert, Terry.«

»Danke für diese völlig deplatzierte Fehlinterpretation!«, dachte ich im Stillen und setzte alles daran, die letzten zehn Minuten meiner Übungsstunde maximal zu nutzen. Ich war hochkonzentriert. Schließlich wollte ich die Prüfung bestehen. Ich war schlichtweg mangels Übung noch überfordert mit dem komplexen Manöver und gleichzeitig dabei, ein mentales Modell davon zu basteln, wie das Anlegen funktioniert.

Wenn dieser Lehrer einen guten Job gemacht hätte, hätte er mir konkret gesagt, was ich falsch gemacht hatte, oder wäre das Manöver und alle nötigen Handgriffe mehrfach – auch gerne mental – mit mir durchgegangen. Er hätte mich auch fragen können, woran es meiner Meinung nach lag, dass ich vor dem Steg verhungert war. Durch diese Analyse hätte ich mich im nächsten Anlauf vielleicht auf etwas Spezifisches konzentrieren können oder hätte einen Tipp von ihm erhalten. All das wären mögliche didaktische Hilfen gewesen, die ich mir gewünscht hätte, mir aber verwehrt blieben. Denn dieser Lehrer hatte vor allem drei Dinge: Er hatte ein Boot, Fachkompetenz und ein Ego. Gute Feedbackkompetenzen hatte er nicht. Doch aus dieser Feedbackerfahrung konnte ich lehrreiche Schlüsse ziehen.

Pauschalurteile sind schnell formuliert

Schon aus früheren Sessions mit diesem Lehrer kannte ich sein Feedbackverhalten seinen Schülern gegenüber. Er sprach häufig pauschale Urteile über Menschen aus. Der Klassiker: »Du bist ...«, gefolgt von persönlichen Zuschreibungen wie »ungeschickt«, »ungeduldig«, »unkonzentriert«, »faul«, »hektisch«, »ein guter Segler« oder Ähnliches. Ob diese Urteile der Wahrheit entsprachen oder nicht, ist aus meiner Sicht unwichtig. Alle Segelschüler waren freiwillig da und wollten etwas lernen. Für sie triggerten diese meist negativen Zuschreibungen aber leider überwiegend schlechte Gefühle. Dieser Lehrer trug durch seine Abwertungen also dazu bei, dass die Segelnachmittage für seine Schüler zu einer Art Schlacht wurden und sie immer schlechter lernten.

Das Feedback einer solchen Person ist leider – und für dich hoffentlich! – völlig umsonst. Bei Menschen, die nur nach Bauchgefühl ein unspezifisches Urteil aussprechen, versuche ich manchmal durch Nachfragen einen Mehrwert in Form eines brauchbaren Feedbacks für mich herauszukitzeln. Ich frage dann zum Beispiel: »Woran merkst du das?« oder »Was ist dir besonders aufgefallen?« Wenn da nicht viel kommt, kannst du dir das Lernen von dieser Person schenken. Du lernst zwar etwas über die Person, aber du kannst dich nicht konkret verbessern.

Konstruktives Feedback ist aufwendig

Konstruktives Feedback beschreibt oder beinhaltet, wo der mögliche Fehler liegt, nennt Details, zieht Vorher-Nachher-Vergleiche und richtet sich in den meisten Fällen auf ein konkretes Verhalten oder Denkmuster – nicht auf die Person als Ganzes. Verhalten kann man lernen und ändern. Deshalb können wir die Bewertung unserer Verhaltensweisen emotional viel besser verkraften, als wenn wir direkt als Person bewertet werden.

Einen guten Feedbackgeber machen drei Dinge aus:

1. **Fokus:** Er muss sich genau anschauen, was jemand tut.
2. **Fachkenntnis:** Er muss sich auskennen, um Soll-Ist-Vergleiche herstellen zu können.
3. **Aufwand:** Er muss genau beschreiben, was er meint. Das macht Mühe.

Das bedeutet: Intensives Feedbackgeben ist richtig harte Arbeit. Ich lerne gerne von Menschen, die sich all diese Mühe machen! Wo immer uns solche Feedbackgeber begegnen, dürfen wir dankbar sein, ihnen Anerkennung zollen, gutes Geld zahlen und natürlich von ihnen lernen.

Oftmals geht es um Ego und Selbstwertgefühl

In der Segelschule gab es zwei ältere Segellehrer, die mit ihren verbalen Abwertungen anderer, aber vor allem mit ihren brummeligen Untertönen, ihrer Mimik und ihrer Körpersprache signalisierten: »Hey, ich bin hier der Seebär, ihr seid die Landratten!« Sie gehörten zu der Sorte Mensch, die gerne über andere urteilt, Kritik äußert, andere belächelt. Solche Leute brauchen das für ihr Ego oder das, was wir landläufig als Selbstbewusstsein bezeichnen. Sie sind vermutlich so sehr in innerer Not, etwas gelten zu dürfen, bewundert zu werden und ein wichtigeres Mitglied in unserer Gesellschaft zu sein, dass sie das Wesentliche völlig aus dem Blick verlieren. In diesem Fall, dass andere etwas von ihnen lernen wollen.

Ich möchte nicht unerwähnt lassen, dass es in dieser Segelschule auch zwei wunderbare Ausnahmen gab. Zwei jüngere Segellehrer waren vorbildliche Lehrmeister: Sie erklärten mit Engelsgeduld, lobten ihre Schüler, machten alles mehrfach vor und waren immer freundlich. Sie mussten sich nicht selbst auf die Schulter klopfen. Im Gegenteil: Durch ihre wertschätzende und stets respektvolle Haltung den Anfängern gegenüber und durch ihre Geduld genossen sie unsererseits – ob jung oder alt – vollen Respekt. Ich bin mir sicher, sie brauchten uns nicht für ihr Selbstbewusstsein und ihren Selbstwert.

Viele Menschen haben ein geringes Selbstwertgefühl. Sofern sich dies auf bestimmte Situationen beschränkt, finde ich das sehr menschlich. Andere tragen diesen Mangel jedoch dauerhaft mit sich herum und versuchen ständig, sich durch Abwertung anderer selbst aufzuwerten. Natürlich streichelt es unser aller Ego, etwas besser zu wissen oder zu können als andere. Manche brauchen das leider so sehr, dass sie einen Job annehmen, der sich aus ihrer Sicht besonders gut dafür eignet – zum Beispiel Führungskraft oder Lehrer. Für ihre Untergebenen ist diese Motivation natürlich ein Graus.

Was tun, wenn du solche Menschen als Lehrer oder Vorgesetzte hast? Sollten sie dir etwas Abwertendes entgegnen oder dir das Gefühl geben, dich übertrumpfen zu wollen, bist du gut beraten, die Abwärtsspirale nicht zu forcieren. Anstatt demjenigen mit Kritik zu begegnen, hilft eher das Gegenteil, auch wenn es dir vielleicht widerstrebt: Lobe, zeige Wertschätzung, bedanke dich, werte die Person auf. Dadurch kommt sie möglicherweise aus ihrer Not heraus und hat gar keinen Grund mehr, gegen dich zu schießen. Vielleicht ermöglichen sie dir dann auch, von ihrer Expertise zu profitieren.

Wenn der Chef aus dir »eine harte Sau« machen will

Es war frühmorgens an einem Sommertag und ich war zu meinem ersten Coachingtermin verabredet. Ich hatte Stefan schon einmal getroffen und bei diesem Kennenlerngespräch hatte er mir eröffnet: »Mein Chef hat gesagt, ich soll eine harte Sau werden!« Ansonsten wäre es aus mit seiner Managementkarriere. Er selbst hielt dieses Ziel allerdings für wenig sinnvoll. Es entsprach erstens nicht seiner Art und zweitens arbeitete sein Team bereits am Anschlag, sodass er durch mehr Druck nur Vertrauen zerstören würde und sich die Ergebnisse auf längere Sicht eher verschlechtern würden. Er wollte daher mithilfe des Coachings einen Weg finden, um mit seinem Team produktiver zu werden.

Es freut mich, wenn es Ihnen gefällt. Und ich hoffe, Sie nehmen etwas mit für die morgigen Gespräche mit Hackbart & Bollmann.

Also traf ich mich mit Stefan und seinem Chef, welcher heute bei diesem Kick-off-Termin dabei sein sollte, um aus seinem Blickwinkel zu erläutern, worum es im Coaching gehen sollte, wie das Ziel auszusehen hatte und was es zu verbessern galt. Für mich sind solche Treffen in etwas größerer Runde eine prima Gelegenheit, um Feedback und die Perspektiven des Chefs einzuholen, das gemeinsame Ziel herauszuarbeiten und festzuhalten. Gleichzeitig kann ich durch direktes Nachfragen Klarheit schaffen und gegenseitiges Verständnis aufbauen. Doch an diesem Tag kam alles anders.

Stefan begrüßte uns freundlich, machte ein wenig Smalltalk und richtete dann das Wort an seinen Vorgesetzten: »Mich interessiert deine Perspektive, worin ich mich verbessern kann.« Die Replik des Chefs war wie ein Schlag ins Gesicht: »Seit Monaten hast du keine Erfolge mehr!« Es folgten unspezifische Gemeinplätze wie: »Du musst deine Performance steigern.« Zwischendrin lachte er künstlich, dann redete er weiter: »Was soll ich sagen, du musst an ›deinem Sein‹ arbeiten!«

Ich war verdutzt, dass ein Chef so etwas in voller Überzeugung zu einer seiner Führungskräfte sagte. Während er sprach, schaute er seinen Mitarbeiter nicht mal an, sein Tonfall klang überheblich. Auf Nachfragen meinerseits, woran er denn eine Verbesserung erkennen würde, antwortete er vage: »Na, wenn er mich einfach mal überrascht!« Weiteres Nachhaken zu konkreten Verhaltensweisen oder Skills brachte keine genaueren Informationen hervor. Stattdessen versuchte er mit Einwürfen wie »Frau Maxeiner, Sie werden verstehen …«, mich auf seine Seite zu ziehen und letztlich gegen Stefan aufzubringen.

Ich war – mal wieder – schockiert, wie erbärmlich Führungskommunikation sein konnte, und überlegte, den Auftrag abzulehnen. Denn allen Anwesenden war klar: Das hier war eine Farce. Hier ging es um etwas ganz anderes, das aber nicht ausgesprochen wurde. Stefan gab mir jedoch mimisch zu verstehen, dass ich nicht intervenieren sollte, bedankte sich bei seinem Chef, meinte, er habe verstanden, und verabschiedete ihn förmlich. Mehr aus Fürsorgepflicht denn aus Überzeugung, nach dieser Aktion noch ein effektives Coaching anschließen zu können, blieb ich bei Stefan und schlug ihm vor, dass wir die Coaching-Session auch draußen fortführen könnten.

Beim Spazieren geschah dann, was kommen musste und so wichtig war. Das versteinerte Gesicht meines Klienten schwamm von einer Sekunde auf die andere unter Tränen und Wut. »Ich weiß ganz genau, dass die mich loswerden wollen. Ich habe genauso gute Ergebnisse wie in den Jahren zuvor, meine Mitarbeiter sind mit mir zufrieden und fühlen sich wohl. Aber die wollen hier frischen Wind reinbringen. Dafür soll ich auch in meinem Team sorgen. Das ist eine unternehmensweite Entscheidung. Und ich bin wohl schon zu lange dabei. Deswegen wollen sie mich raushaben. An sich weiß ich, dass es nicht um mich geht. Die hoffen vielleicht, dass ich von alleine gehe, damit sie mir keine hohe Abfindung zahlen müssen. Deshalb ist der Chef vielleicht extra eklig zu mir. Aber weißt du, Terry, ich ertrage das einfach nicht! Seit Jahren bin ich hier hochgelobt. So viele in der Firma schätzen mich. Meine Familie ist stolz auf mich. Auch meine Eltern. Alle sehen mich als erfolgreich an. Und jetzt bin ich das nicht mehr? Wenn ich jetzt gehen muss, was sollen die denn über mich denken? Wer bin ich denn dann?«

Ich fragte ihn, was ihn sonst noch ausmache, und er erzählte mir von seinen beiden tollen Kindern, seiner guten Ehe, der Tätigkeit im Sportverein. Aber all das schien ihm im Moment nichts wert zu sein. In diesem Moment zählte für ihn allein die Bestätigung, die er im Beruf bekommen hatte – und nun vergeblich bei seinem Chef suchte. Ausgerechnet bei einem Vorgesetzten, den er auf persönlicher Ebene im Grunde verachtete. Sie hatten sich noch nie verstanden, weil sie so unterschiedliche Wertvorstellungen hatten und ganz unterschiedlich mit Menschen umgingen.

»Was macht eigentlich deinen Selbstwert aus?« fragte ich ihn. Aus dem Bauch heraus beschrieb Stefan ihn als Summe aller Feedbacks von anderen. Es zählte für ihn alleine der Erfolg, den andere wahrnahmen, um seinen Selbstwert zu bestimmen.

Ich fragte weiter, was da noch so in der Gleichung sei, und nach längerem Nachdenken sagte er: »Nichts!« Doch schon während der Formulierung fiel ihm auf, wie absurd das klang, denn er fügte hinzu: »Der Selbstwert meiner Kinder sollte niemals daran hängen, was andere über sie denken!« Im Laufe unseres Gesprächs wurde ihm bewusst, wie sehr er seinen Selbstwert und seine Zufriedenheit vom Goodwill und den Launen anderer abhängig gemacht hatte, ebenso wie von anderen Rahmenbedingungen.

Stefan arbeitete im Anschluss an seinem Selbstwertgefühl, einer guten Abfindung und einer neuen Bewerbung. Mir wurden durch diese Geschichte in Bezug auf Feedbacks mehrere Aspekte klar.

Oftmals steckt hinter Feedbacks eine ganz andere Agenda

Manchmal geht es gar nicht um das, was jemand zu dir sagt. Stattdessen möchte dein Gegenüber eine bestimmte Reaktion provozieren. Vielleicht möchte er, dass du dich zurückziehst, dich nicht mehr traust oder überreagierst. Dann hätte er endlich etwas gegen dich in der Hand! Die positive Variante gibt es natürlich auch: Manche Menschen wollen, dass du glücklich bist, dass es dir gut geht – und loben dich deswegen über den grünen Klee oder bedanken sich überschwänglich. Auch das ist eine Hidden Agenda.

Natürlich kann man sich jetzt darüber streiten, ob eine wohlmeinende Manipulation besser ist als eine böswillige. Für uns ist vor allem wichtig zu erkennen, wann es unserem Feedbackgeber nicht allein um die inhaltliche Botschaft geht und was derjenige eigentlich damit bezwecken will. Wenn uns jemand lobt oder kritisiert, können wir uns daher immer die Frage stellen: »Was hat er oder sie möglicherweise davon?«. Ich will nicht jedem gleich niedere Motive unterstellen, aber so manches Mal »riechen wir den Braten«, wenn unser

Bauchgefühl zum Beispiel die Stimme oder die Mimik des Gegenübers unpassend findet.

Deinen Selbstwert an das Feedback anderer zu knüpfen ist Harakiri

Wenn Feedbacks anderer über unseren Selbstwert bestimmen, machen wir uns abhängig von unseren Mitmenschen und deren Gesinnung, von der Wirtschaft, von der Politik oder auch von den Bestrebungen einzelner Personen. Es kann Zufall sein, wenn dich Menschen eher loben oder eher kritisieren. Es kann Zufall sein, dass du gerade Erfolge oder Misserfolge erntest. Du hast zwar einen gewissen Einfluss, aber keine Kontrolle über dein Umfeld und bestimmte Ereignisse. Um dein Selbstwertgefühl kümmerst du dich daher besser selbst, als diesen Job an etwas zu delegieren, auf das du keinen oder nur beschränkten Einfluss hast. Letzteres würde dem Konzept von Selbstwert zuwiderlaufen.

Manchmal gibt es Bauernopfer – und vielleicht bist es diesmal du

Manchmal ist es egal, was du tust oder nicht tust. Du bekommst etwas ab oder gerätst ins Visier, einfach weil du stehst, wo du stehst. Wie beim Schach stehst du als Bauer genau auf der Fläche, die frei werden muss. Das ist nichts Persönliches. Wenn wir aus Sicht des Unternehmens Bauernopfer sind, dann sind wir einfach strategisch am falschen Platz. Jeder an unserer Stelle müsste das Feld räumen. Weshalb sollten wir also das Feedback persönlich nehmen, wenn es das gar nicht ist?

Robinson Crusoe ohne Freitag

Ich war elf Jahre alt und ging in die fünfte Klasse der Realschule. Wir hatten gerade Englischunterricht, den ich damals leider nur mittelmäßig mochte. Bis dato war ich in dem Fach keine große Leuchte. Vor der Lehrerin hatte ich Respekt, wenn nicht sogar ein bisschen Schiss. Sie war etwas herrisch, schnippisch und obendrein auch noch meine Klassenlehrerin, sodass ich gleich in mehreren Fächern das Vergnügen mit ihr hatte. Aus ihrer ganzen Art las ich: »Die mag mich nicht.«

An einem Morgen, es war kurz vor Weihnachten, war die Stimmung der gesamten Klasse irgendwie ausgelassen, was man daran merkte, dass viele dazwischenquatschten und große Unruhe in der Klasse herrschte, die unsere Lehrerin nur schwer bändigen konnte. Sie schien zunehmend genervt. Für die Weihnachtsstimmung brannten auf unseren Tischen kleine Kerzen. Ich war etwas gelangweilt und beobachtete, wie einige Wachstropfen ihren Weg vom Untertellerchen auf die Schulbank fanden. Gebannt schaute ich zu, welche Formen sich ergaben, stupste dann meine Banknachbarin an und flüsterte ihr zu: »Hey, guck mal da ...!« Weiter kam ich nicht.

»Theresa!«, schallte es durch den Raum. »Raus!«

Ich war völlig verdattert. Meinte die jetzt mich?

»Theresa, geh vor die Tür. Pack dein Zeug. Ich sage dir, wenn du wieder reinkommen kannst.«

Völlig perplex nahm ich meine Sachen, während der Rest der Klasse buchstäblich den Atem anhielt. Man hätte eine Stecknadel fallen hören können. Schließlich ging ich quer durch die Klasse nach draußen. Ich sah niemanden an, aus lauter Schamgefühl.

Während ich so vor der gelben Klassenzimmertür herumstand, versuchte ich krampfhaft, die Tränen zu unterdrücken, und hoffte inständig, dass nicht andere Lehrer an der Klasse vorbeikämen und mich so sähen. Was würden die von mir denken? Nach einer gefühlten Ewigkeit ging die Klassentür auf, meine Lehrerin sagte mit grimmiger Miene: »Komm rein und setz dich da rüber. Du sitzt jetzt an dem freien Tisch!« Na toll, jetzt sollte ich mich auch noch an einen Einzeltisch setzen. Weit weg von meiner besten Freundin und überhaupt weit weg von irgendwem, denn der Tisch stand ganz hinten in der Mitte und war als Einziger mit keinem anderen Banknachbarn verbunden. Da saß ich dann. Alleine. Sechs lange Monate.

Hat es mir geschadet? Nein! Ich gebe zu, meinem schulischen Fortkommen tat es sogar gut, denn Kichern, Spicken oder Vorsagen ging ja nicht mehr. Wenn du alleine klarkommen musst, ergibt es Sinn, sich auf den Unterricht zu konzentrieren. Ich habe dadurch also nicht den Knacks meines Lebens bekommen. Aber ich war viele Unterrichtsstunden ganz schön einsam und sehnte den Moment herbei, wieder auf meinen alten Platz zurückzudürfen. Aber statt die Lehrerin zu fragen, ertrug ich tapfer mein einsames Inseldasein. Erst nach Monaten, auf einem Klassenausflug, nahm ich all meinen Mut zusammen und sprach sie vorsichtig darauf an: »Ich wollte mal fragen: Ab wann könnte ich denn vielleicht wieder neben meiner besten Freundin sitzen?« Noch heute sehe ich ihren überraschten Blick vor mir. Ihre Augen verrieten sofort: Sie hatte es komplett vergessen! Es war ihr gar nicht bewusst, dass ich wie Robinson Crusoe auf meiner Insel saß und seit Monaten büßte.

»Wieso? Setz dich doch rüber, wenn du willst!« Schelmisch grinsend, aber auch ein bisschen liebevoll fügte sie hinzu: »Hast du jetzt ernsthaft sechs Monate gebraucht, um mich das zu fragen?«

So war sie. Ich glaube, es tat ihr leid. Aber das sagte sie nicht. Und das war mir in dem Moment auch schnuppe! Freudestrahlend saß ich am nächsten Tag wieder neben meiner besten Freundin, genoss die Gesellschaft meiner Klassenkameraden und ertrug ab jetzt mit Leichtigkeit die oftmals grimmige Miene und die schnippischen Bemerkungen meiner Klassenlehrerin.

Einige Monate später war ich dann überrascht. Besser gesagt: Ich fiel aus allen Wolken. Mein Vater kam vom Elternsprechtag zurück und verkündete: »Terry, deine Klassenlehrerin ist voll des Lobes. Du sollst auf jeden Fall aufs Gymnasium wechseln. Sie hat so toll über dich gesprochen, was du für eine schlaue, fleißige und klasse Schülerin bist. Sie ist ein echter Fan von dir und kümmert sich persönlich darum, dass der Schulwechsel klappt. Sie hat mir gesagt: ›Wenn in der neuen Schule Schwierigkeiten auftauchen sollten: Terry kann mich jederzeit anrufen.‹« Ich konnte es kaum glauben.

Was sind rückblickend meine Lessons learned in diesem Fall?

Kritik einstecken ist okay – sofern sie berechtigt ist

Wenn man einen Anschiss für etwas kassiert, will man es ja wenigstens gemacht haben. Ich lernte: Wehre dich gegen ungerechtfertigte Kritik, insbesondere wenn du auch noch bestraft wirst für etwas, das du nicht getan hast. So einfach ist das.

In emotionaler Erregung schlagen manche Menschen verbal um sich

Insbesondere cholerische Menschen neigen dazu, ungerechtfertigt Kritik zu verteilen oder andere zu bestrafen. Manchmal können sie sich im Nachgang nicht mehr an ihre Worte oder Taten erinnern und vielen tut ihr Verhalten leid. Für manche sind ihre cholerischen Ausbrüche im Nachhinein so schambehaftet, dass sie die Situation von sich aus nicht mehr ansprechen, bis hoffentlich Gras darüber gewachsen ist. Sie wissen also manchmal weder genau, was sie tun, noch ist ihnen bewusst, dass andere durch sie unter Umständen lange Zeit so manche seelische Verletzung mit sich herumtragen.

Heute habe ich auch Mitgefühl, wenn cholerische Menschen »austicken«, weil ich mir bewusst mache: Sie können vermutlich gerade nicht anders oder wissen wirklich nicht, welchen Schaden sie anrichten. Sie sind in »ihrem Film«. Das entschuldigt und billigt natürlich keine ihrer Taten – egal ob psychische oder physische Gewalt. Wir müssen solchen Leuten klare Grenzen setzen, ihnen ihr Fehlverhalten vor Augen führen und ihnen bestenfalls auch die Gelegenheit geben, sich zu ändern, zum Beispiel durch eine Therapie. Aber eines musst du bei Cholerikern nicht: dir ihre Worte zu sehr zu Herzen und ihre Kritik persönlich nehmen. Die Person wäre vermutlich bei jedem anderen ebenso ausgetickt.

Natürlich ist nicht jeder, der mal aus der Haut fährt, gleich ein Choleriker. Ob das auf meine Lehrerin zutraf, kann ich natürlich auch nicht mit Sicherheit sagen. Es kann jedem von uns mal passieren, dass wir emotional werden, mit dem Rücken zur Wand stehen oder unter Stress Dinge sagen oder tun, die wir gar nicht so meinen. Das ist nur menschlich. Heute kann ich jedem Menschen eine solche innere Not und den Versuch, sich zu wehren und deswegen verbal um sich zu schlagen, zugestehen. Du auch?

Die Strafe als Exempel

Rückblickend bin ich mir sicher: Meine Lehrerin wollte mit ihrer Aktion ein Exempel statuieren. Es musste jetzt mal einer rausfliegen, damit alle sahen, dass sie bereit war, Konsequenzen zu ziehen. Die Strafe galt also nicht mir persönlich, sondern war eine Warnung an alle. Manchmal sind wir eben einfach zur falschen Zeit am falschen Ort und bekommen etwas ab, das nicht persönlich oder nicht nur für uns bestimmt ist.

Schwache Feedbackgeber suchen schwache Opfer

Für das Exempel war ich – das ist mir rückblickend klar – tatsächlich ein leichtes Opfer. Meiner Beobachtung nach werden Abwertungen, Beschimpfungen oder Hasstiraden eher an Menschen ausgelassen, die sich weniger zur Wehr setzen. Die im Zweifel stoisch auch noch die andere Wange hinhalten.

Bevor du in den Augen anderer ein leichtes Opfer wirst, zeige der Welt ganz klar, wer du bist und dass du dich zur Wehr setzen kannst. Dafür musst du nicht wild um dich schlagen, sondern nur entschieden, standhaft und konsequent auftreten. Manchmal reicht es, die Arme zu verschränken, die Augenbrauen hochzuziehen und den Kopf zu schütteln. All diese Signale funktionieren aber nur dann gut, wenn du ein starkes Selbstbewusstsein hast. Wenn du innerlich ein gutes Standing hast, also in dir gefestigt bist, kannst du das auch nach außen verkörpern und bietest allein dadurch viel weniger Projektionsfläche für die schlechte Laune anderer. Sie mögen dann vielleicht Schlechtes denken, ersparen dir aber, es laut auszusprechen. Und was andere Leute denken, tangiert dich ohnehin nur peripher.

Deine Fans geben sich oft nur schwer zu erkennen

Aus den unterschiedlichsten Gründen zeigen einem Menschen manchmal nicht, dass sie einen schätzen. Vielleicht können sie es nicht, vielleicht ist es ihnen irgendwie peinlich, vielleicht machen sie sich auch einfach nicht die Mühe. Vielleicht denken sie, dir ist »eh klar«, dass sie dich mögen.

Sicherlich kannst und willst du jetzt nicht jeden fragen: »Magst du mich?«. Wobei: Warum eigentlich nicht? Probier's doch mal! Vielleicht kannst du es aber auch »durch die Blume« herausfinden, indem du dir anschaust, wie sie mit anderen »geliebten« Personen umgehen oder zum Beispiel eine Einladung an sie aussprechen und schauen, ob sie sie annehmen.

Unsere größten Kritiker haben uns am meisten lieb

Manchmal sind es sogar unsere größten Kritiker, die uns am meisten lieben. Sie wollen uns mit gut gemeinten Ratschlägen helfen und somit ganz viele Geschenke an uns verteilen. So manche verteilen dann viel gut gemeinte Kritik zu unserer Förderung, vergessen darüber aber das Lob. Eltern sind prädestiniert dafür. Dass sie uns mit ihren Hinweisen und Feedbacks manchmal verletzen oder zur Weißglut treiben, ist ihnen vermutlich oft gar nicht bewusst. Wir dürfen ihnen das – tatsächlich – bewusst machen! Das ist Feedback zum Feedback. Außerdem interpretiere bitte Kritik nicht mehr per se als Abneigung dir gegenüber.

Erdbeermarmelade auf 2500 Höhenmetern

Auf meiner Hochzeitsreise ging ich fünf Wochen lang zu Fuß. Wir liefen mit dem Rucksack auf den Schultern von München nach Venedig – einmal quer über die Alpen. Eine wundervolle Erfahrung, nicht nur weil wir eine Nacht auf dieser süßen kleinen Berghütte übernachteten. Dort wachten wir auf 2500 Metern über dem Meeresspiegel auf und standen wenig später mit unserer ersten Tasse Kaffee bei Sonnenaufgang vor der Hütte und schauten ungläubig in diese atemberaubende Kulisse aus Bergspitzen. Einfach fantastisch! »Welch ein traumhafter Ort«, dachte ich. »Hier braucht es nicht viel, um zufrieden und glücklich zu sein und sich darauf zu besinnen, was einem wirklich wichtig ist.«

Mit diesem Gedanken ging ich in den Frühstücksraum, nahm mir einen Teller, Brötchen, Käse, etwas Butter und etwas von dieser verheißungsvollen Erdbeermarmelade. Sie schmeckte wirklich köstlich! Während wir unser Frühstück genossen, kam der Herbergsvater zu uns an den Tisch, fragte, ob wir gut geschlafen hätten und alles recht sei. Und so begann ein netter Plausch über Gott, die Welt und natürlich das Wetter. Schließlich, ich konnte es mir nicht verkneifen, sprach ich ihn auf die Erdbeermarmelade an: »Die ist ja fantastisch! Ist die selbst gemacht?«

Freudestrahlend antwortete er mit dem starken Akzent der Tiroler Bergwelt: »Ja, das ist unser geheimes Familienrezept. Die macht meine Frau jedes Jahr selbst. Viele Gäste schätzen die Marmelade so sehr und manche wollen uns unbedingt auch ein Glas abkaufen. Aber die ist unverkäuflich.«

Dann verfinsterte sich seine Miene: »Aber weißt du, was völlig bescheuert ist? Mittlerweile muss ich trotzdem zwei andere Marmeladensorten dazustellen, die dann doch keiner isst und die regelmäßig schlecht werden. Das tut mir in der Seele weh! Aber bei Google haben sie mir bei der Bewertung der Hütte im Ernst drei Punkte abgezogen, weil es hier keine Auswahl an Marmeladen gibt! So etwas Beknacktes! Und deshalb ging sogar kurzzeitig die Zahl der Übernachtungsgäste

runter, wo wir doch auf die angewiesen sind. Es liest ja auch fast keiner die Begründung. Außerdem hätten wir keine laktosefreie Milch und schon gar keine Hafermilch. Ist den Leuten eigentlich bewusst, wo sie hier sind? Wir sind auf 2500 Metern. Jedes Lebensmittel muss entweder per Hubschrauber oder zu Fuß transportiert oder direkt hier oben von uns und der Natur produziert werden. Wir leben in und mit der Natur. Unsere Milch, die Butter und der meiste Käse kommen von unseren Kühen da draußen. In der Hütte haben wir nur sehr begrenzte Lager- und Kühlmöglichkeiten und jede Einkaufstour ist mit extremer Logistik verbunden. Die Leute suchen Einfachheit und Ruhe, erwarten aber eine Auswahl wie im Luxus-Ressort. Sollen die doch dahin gehen!«

Er war sichtlich aufgebracht und verärgert. Ich fragte ihn, wie oft so etwas vorkomme, und er antwortete nachdenklich: »Na ja, nicht so oft. Die meisten Gäste sind okay und richtig gute Gesellen. Gott sei Dank! Sonst würde ich meine Hütte auch zusperren. Aber so ein bis zwei Spinner gibt's pro Saison. Das sind dann halt leider auch die, die eine schlechte Bewertung schreiben.«

Ein bis zwei Spinner in der Zeit von Mai bis September. Ein paar Personen, die diesem Gastwirt nicht nur ordentlich die Freude an seiner Aufgabe verhagelten, sondern ihn sogar in finanzielle Bedrängnis brachten. Seitdem schaue ich ganz anders auf Frühstücksbuffets, wenn dort verschiedene Sorten Marmelade stehen.

Vielleicht weißt du jetzt mehr über die Lebensmittellogistik auf einer Berghütte, aber was können wir daraus über Feedback, Kritik und Lob erfahren?

Ordentliche Bewertungen brauchen einen sinnvollen Vergleich

Wenn wir loben oder kritisieren, bewerten wir. Aber wie kommt es überhaupt zu einer Bewertung? Dazu habe ich mich einmal mit Fachleuten unterhalten, die sogenanntes »Transfer-Pricing« betreiben, das heißt, sie be- und verrechnen zum Beispiel die Kosten von Leistungen an andere unternehmensinterne Abteilungen. Sie erklärten mir: »Terry, bewerten heißt vergleichen.« Ohne einen Vergleichsmaßstab könne man gar nicht zu einer Bewertung kommen. Wohlgemerkt: Das waren Fachleute, die sich täglich damit beschäftigen, passende Vergleiche zu finden, um so Leistungen oder Produkte bewerten zu können.

Wir alle müssen täglich Vergleiche heranziehen, Dinge in Relation zueinander setzen, einen Maßstab entwickeln, anlegen und auswerten, wenn wir loben oder kritisieren. Und wenn wir das tun, sind wir allzu oft Laien. Das müssen wir anerkennen. Auch wenn wir in unserem Leben schon unglaublich oft gefrühstückt haben, werden die meisten von uns beim Thema »Marmeladensorten auf 2500 Metern« wahrscheinlich eher weniger bewandert sein. Selten fragen wir uns bewusst: Was wäre ein passender Vergleich? Was wäre ein angemessener Maßstab? Als Laien ziehen wir intuitiv und unbewusst irgendwelche Erfahrungen zu Rate. Manchmal ist unser Bauchgefühl gut, aber eben nicht immer. Wer sich auskennt, vergleicht vielleicht Berghütten mit Berghütten, wer sich weniger auskennt, Äpfel mit Birnen oder den Service einer Alm mit dem Frühstücksangebot in Frankfurt City. Solche schlechten Bewertungen, die wirklich absurden Relationen folgen, halte ich tatsächlich für eine Frechheit oder zumindest für eine Dummheit.

Da ich aber nicht glaube, dass man sich über die Dummheit der Menschen aufregen sollte und wir dieses Problem ohnehin nicht auf der Stelle lösen können, rate ich erstens, einen Spezialisten zu beauftragen, der sich um die Google-Bewertungen kümmert. Zweitens könnten wir liebe, zufriedene Gäste ab und an bitten, eine gute Bewertung abzugeben. Und drittens sollten wir mehr informieren. Eine meiner Lieblingshütten macht das ganz hervorragend und mit einem sympathischen Augenzwinkern. Auf der Terrasse stehen mehrere handgeschriebene Schilder, zum Beispiel mit der Aufschrift: »Wir haben kein WLAN, wir haben Schnaps!«

Viele Menschen tragen Kritik oder Beschimpfungen mit sich herum, du bist nicht allein

Selbst das gestandene Urgestein von Hüttenvater, der Jahr um Jahr auf der Alm lebt und mit Wind und Wetter kämpft, ist gekränkt und ihm geht Kritik – auch wenn sie unsinnig ist – ziemlich an die Nieren. So ein Schmarrn macht also auch vor der Idylle auf 2500 Metern nicht Halt. Vielleicht hilft es dir zu wissen, dass die meisten Menschen ihr »Päckle zu tragen haben«. Du bist nicht allein, aber manche lassen es sich eben nicht anmerken.

Du darfst den »Spinnern« erlauben zu gehen!

Ich halte es für sehr sinnvoll, Mentalhygiene zu betreiben, und finde eine geistige Reinigung mindestens genauso wichtig, wie zweimal täglich die Zähne zu putzen. Egal, ob die Plagegeister in deiner Almhütte sitzen oder dich in deinen Träumen heimsuchen: Sie haben in deinem Kopf, in deinem Herzen und in deinem Leben nichts verloren, wenn du das nicht willst. Lass sie ziehen. Wünsche diesen Spinnern gedanklich alles Gute und ein langes Leben und verbanne sie anschließend aus deinem. Nach dem Motto: »Geh mit Gott, aber geh! Hau ab aus meinen Gedanken!« Das Schöne daran ist, dass du dich nun wieder auf die sympathischen Gesellen konzentrieren kannst, die dein Leben wirklich bereichern.

Ich geb dir heute 'ne Zwei

Es war kurz vor 18 Uhr, der erste Seminartag neigte sich dem Ende zu. Die Stimmung war ungemein heiter. Heute hatte es richtig Spaß gemacht. Ein tolles Führungskräfteteam saß vor mir. Wir hatten viel geschafft und waren nach dem langen Tag alle ein wenig platt, aber verdammt gut drauf. So sah ich dem zweiten Tag jetzt schon freudig entgegen. Wir ließen gerade noch die Erkenntnisse des Tages Revue passieren: Was war hilfreich und spannend gewesen? Und was waren die Wünsche der Gruppe für morgen? Was sollte am zweiten Tag vielleicht anders, mehr oder weniger sein, damit es ein perfekter Tag würde? Das wollte ich wissen. Die meisten Teilnehmer waren so happy, dass sie einfach sagten: »Weiter so, ich lasse mich gern überraschen!« Ein Teilnehmer wünschte sich noch ein weiteres Rollenspiel für ein schwieriges Gespräch. Das schrieb ich mir kurz auf.

Dann kam Daniel an die Reihe. Er sagte langsam: »Mhh, also ich gebe dir heute eine Zwei.«

»Aha«, kommentierte ich. Im Stillen dachte ich: »Spannend. Das kennen sie alle aus der Schule. Du fragst nach Feedback, damit du etwas lernen oder morgen vielleicht noch etwas Tolles für die Gruppe machen kannst. Und was bekommst du? Noten. Ohne Erklärung. Aus Noten haben wir ja in der Schulzeit auch immer richtig viel gelernt.« Ich war ein bisschen belustigt darüber, dass ich gerade eine Note bekommen hatte (belustigt über die Situation, nicht den Teilnehmer), aber es interessierte mich auch wirklich, was Daniel sich wünschte, damit das Training für ihn morgen perfekt sein würde. Ich verkniff mir also ein Schmunzeln und fragte: »Und was fehlt morgen zur Eins?«

Daniel antwortete: »Na, da fehlt gar nichts. Aber wenn ich dir heute schon eine Eins gebe, dann strengst du dich vielleicht morgen gar nicht mehr so an!«

Dieser Kommentar wäre am liebsten mit Karacho in meiner Magengrube gelandet. Wäre ich Schwäbin, würde ich sagen: »Des hatte a G'schmäckle.« Ich konnte mir quasi dabei zugucken, wie es mir ein bisschen übel zu werden drohte, wie ich mich kurz entmenschlicht, benutzt und instrumentalisiert fühlte. Gleichzeitig war ich als mittlerweile geübte Feedbacknehmerin enorm fasziniert. Seine Worte verletzten mich nicht wirklich. Da war zwar ein altes Muster, das anspringen wollte, aber auch ein zweites, das stattdessen ansprang und viel stärker war. Denn ich habe diesbezüglich keinen wunden Punkt mehr, aber ich habe großes Interesse an den involvierten Mechanismen.

Ich habe schon sehr viele Führungskräfte erlebt, die seltsame Theorien verfolgten, mit dem Ziel, andere zum Handeln zu bewegen – auch über Feedback.

Wenn Menschen dir Feedback geben, sagen sie viel über sich selbst aus

Ob wir mit der Interpretation dessen, was Menschen uns zeigen, wirklich richtigliegen, wissen wir natürlich nicht. Aber ein Feedbackgeber gibt uns immer Hinweise auf seine Gedankenwelt: Was denkt er, wie Menschen sich motivieren lassen? Was denkt er vermutlich über andere? Was denkt er über seine zwischenmenschlichen Beziehungen? Welches Menschenbild hat er? Was sagt er mit alldem über sich aus?

Lob macht manche faul

In Daniels Feedback las ich einen weit verbreiteten Glaubenssatz: »Man muss Lob Menschen vorenthalten, sonst werden sie faul.« Möglicherweise stimmte das – zumindest für ihn selbst.

Solltest du als Feedbacknehmer zu wenig Lob erhalten, liegt es vielleicht auch daran, dass dein Umfeld nur Angst hat, du würdest ansonsten faul werden?

Manche sehen nur die Funktion, nicht den Menschen

Es war augenscheinlich: Daniel wollte, dass ich mich am nächsten Tag noch mal ordentlich anstrengte. Er verlangte von mir als Dienstleisterin Höchstleistung. Das schien ich für ihn hauptsächlich zu sein: eine Dienstleisterin. Ich hatte eine Funktion. Als Mensch war ich ihm vielleicht gar nicht so wichtig. Das ist natürlich auch reine Spekulation und diese Vermutung müsste ich doppelt prüfen, denn hierbei könnte ich auch extrem falschliegen.

An dieser Stelle frage ich mich allerdings prinzipiell: Ist es okay, dass man andere nicht als Mensch, sondern in ihrer Funktion wahrnimmt? Das Thema ist sicherlich spannend und wäre es wert, in einem weiteren Buch vertieft zu werden. Denn während ein Teil von mir doch gerne persönlich gesehen werden will und sich in der Reduktion auf die Funktion gekränkt fühlt, sagt ein anderer Teil in mir: »Terry, es muss doch auch okay sein, dass du manchen Menschen einfach total egal bist.« Darf das sein? Muss das sein? Ich glaube schon und werde das Thema im Kapitel 7 nochmal vertiefen.

Benotung triggert Statusunterschiede

»Ich geb dir heute 'ne Zwei.« So einen Satz kennen wir aus der Schule, in der Regel von einem Lehrer und damit von einer höherrangigen Person. Für Daniel schien es offenbar wichtig zu sein, seinen Status zu betonen. Ich überlegte kurz, ob ich ihn vielleicht versehentlich gekränkt hatte, er sich in seinem Status nicht gesehen gefühlt oder zumindest Unsicherheit verspürt hatte. Mir wurde bewusst, dass

Daniel als einer der wenigen Teilnehmer an diesem Tag noch nicht offen über Probleme gesprochen hatte. Ein möglicher Hinweis auf Vorsicht und Unsicherheit seinerseits.

Falls du dich fragst, was ich in der Situation damals konkret getan habe: Nun, ich habe mit einem Zwinkern gesagt: »Schauen wir mal, ob ich mich morgen noch mal anstrengen mag. Danke, ich weiß Bescheid. Der Nächste.«

Und am nächsten Morgen: »Heute haben wir ja das Thema ›Motivation in der Führung‹. Erinnert ihr euch an die Feedbacksituation gestern mit Daniel? Sehr spannend. Daniel, du sagtest ja, du würdest mir eine Zwei geben. Wolltest du mich damit motivieren, noch mal Vollgas zu geben?« Er nickte. »Prima, lasst uns diese Situation noch mal aufgreifen und schauen, wie du mich vielleicht noch besser motivieren könntest, falls du dir für den zweiten Tag wirklich Höchstleistung von mir wünschst. Denn an sich fühlte ich mich eher nicht wertschätzend behandelt, was du vielleicht gar nicht explizit wolltest. Wenn ich eine Eins verdient habe, will ich die auch haben. Wenn du sie mir vorenthältst, empfinde ich das als unfair. Bei mir persönlich würde das eher zu einer Trotzreaktion führen – und zu weniger Engagement am Folgetag. Was hättest du also stattdessen sagen können?« Und so sammelte ich mit der Gruppe wertschätzende Alternativen.

Noten sind unbefriedigend

Aus der Schule kennen wir sie zur Genüge, doch auch im Erwachsenenalter kommen sie (oder andere Bewertungsskalen) immer wieder vor. Viele Unternehmen nutzen sie für Mitarbeiterbeurteilungen – und zum Glück schaffen manche sie mittlerweile ab. Denn so hilfreich sie vielleicht sind, so gefährlich sind sie auch. Bewertungssysteme mit Noten sind nicht nur für Feedbacknehmer oftmals eine Qual, sondern auch für die Feedbackgeber. Die Kriterien, die bei der Benotung betrachtet werden sollen, sind nämlich in vielen Fällen im Unternehmen wie in der Schule gar nicht oder nur spärlich definiert, komplex und starke Auslegungssache. Noten sind damit in vielen

Fällen erklärungsbedürftig und – erst diese Erklärungen wären das hilfreiche Feedback, aus dem wir lernen können.

Wenn du aus Feedback lernen willst, gib dich bitte niemals mit einer Zahl zufrieden, sondern versuche herauszufinden, wie der Feedbackgeber auf diese Note gekommen ist.

Die schwäbische Folter

Die nächste Geschichte ist schnell erzählt. Und du kennst sie mit Sicherheit in ähnlicher Abwandlung. Wir sind im Vorzimmer des Chefbüros. Der Geschäftsführer steht ein Stück hinter seiner Assistentin und zeigt mit dem rechten Zeigefinger auf ihren Bildschirm. »Da müssen Sie noch den Zeilenabstand anpassen und da ...«

Die Assistentin springt auf und ist völlig in Rage: »Ihnen kann ich's aber auch nie recht machen. Wissen Sie was? Wenn Sie so unzufrieden mit mir sind, dann kündigen Sie mir doch!« Unter Tränen greift sie nach ihrer Jacke und rennt in Richtung Tür.

Der Chef, völlig verdutzt, sagt in sehr freundlichem Ton: »Was? Aber Frau Bruckmüller, ohne Sie geht doch hier gar nichts! Ich kann nicht auf Sie verzichten. Sie sind doch meine beste Mitarbeiterin. Wissen Sie das denn nicht?!«

Aus meiner Erfahrung als Coach kann ich sagen: Nein, die allermeisten wissen das nicht! »Nicht geschimpft ist genug gelobt!«, sagt bekanntlich der Schwabe. Dem kann ich nicht zustimmen! Aber ich kann zumindest einen Erklärungsversuch wagen und dir etwas an die Hand geben, wie du mit dem Ungleichgewicht von Lob und Kritik besser umgehen kannst.

Das Negative wird benannt, Positives bleibt unkommentiert

Viele, vielleicht sogar die meisten, Menschen – ganz egal ob Mitarbeiterin, Vater, Rektorin, Bundestagsabgeordneter, Sportlerin oder Musiker – bekommen hauptsächlich kritische Rückmeldungen zu ihrer Arbeit oder ihrem Verhalten, während das Positive meist unkommentiert bleibt. So viele meiner Klienten berichten mir im Gespräch, teilweise unter Tränen, wie sehr sie sich nach Lob, Dank oder Wertschätzung sehnen.

Wenn Führungskräfte über einen bestimmten Mitarbeiter klagen, frage ich gerne: »Zu wie viel Prozent bist du denn mit seiner Arbeit zufrieden, zu wie viel unzufrieden?« Tatsächlich antworten die meisten: »Also zu 80 bis 90 Prozent bin ich zufrieden. 10 bis 20 Prozent passen nicht.« In der Reflexion wird ihnen klar: Das Feedback an den betreffenden Mitarbeiter ist natürlich nicht neun zu eins, also neun positive Rückmeldungen auf eine kritische, sondern in vielen Fällen eher eins zu eins. Das ist aber den meisten Führungskräften nicht bewusst.

Kritiker finden immer etwas!

Falls dir jetzt der Gedanke kommt: »Typisch Führungskräfte!«, will ich sofort einhaken: Weit gefehlt! Ich würde die Hypothese aufstellen: Mehr als die Hälfte aller Menschen neigen dazu, an anderen »herumzukritteln« und eher zu sagen, was ihnen nicht passt, als zu loben, was ihnen gefällt. Wie steht es da mit dir? Bist du eher jemand, der gerne und häufig lobt, oder bist du eher ein kritischer Mensch, der kundtut, wenn ihm etwas nicht gefällt? Was kommentierst du eher: Den sauberen Strand vor der Hotelanlage, die schöne Tischdeko, das leckere, gesunde Essen oder doch die Haare im Duschablauf und die unzureichende Marmeladenauswahl? Wie viel des wohlverdienten Lobes bekommt dein Partner oder dein Kind von dir? Oder bist du eher schwäbisch unterwegs und benennst eher das, was dir an ihnen missfällt?

Tatsächlich ist es Typsache, ob jemand eher das halb leere oder das halb volle Glas sieht. Es gibt eben diejenigen unter uns, die eher das Negative sehen. Diese Menschen neigen sowohl bei sich selbst als auch bei anderen Personen dazu, das Positive nicht besonders hervorzuheben. Man kann das ändern, wenn man will …

Säbelzahntiger sind wichtiger als Blumen

Zudem gibt es einen evolutionären Grund, warum Kritik häufiger genannt wird als Lob: Zeitmangel gepaart mit unserem fundamentalen Überlebensinstinkt.

Stell dir vor, du sitzt auf einem Hügel und schaust hinunter in die Landschaft. Was springt dir sofort ins Auge, insbesondere wenn du nur wenig Zeit hast? Die Blumen, die reifen Früchte am Birnbaum oder der Säbelzahntiger (der hier natürlich nur als Metapher für eine beliebige Gefahr steht)? Keine Frage, wenn es dort einen Tiger gibt, wirst du ihn wahrnehmen und alles andere um dich herum vergessen. Die schönen Dinge spielen in dem Moment, in dem auch nur »ein« Tiger involviert ist, absolut keine Rolle mehr. Das, was uns potenziell umbringt, sticht uns buchstäblich ins Auge. Unser Gehirn ist darauf programmiert, sich automatisch auf die Dinge zu fokussieren, die bei uns Stress erzeugen. Leider kommt dabei das Schöne oftmals zu kurz.

Die gute Nachricht ist, dass wir in gewissem Umfang Einfluss darauf haben. Wir können unserem Gehirn bewusst einen anderen Modus antrainieren. Wir können uns etwa selbst daran erinnern, dass es kein Weltuntergang ist, wenn bei einer Powerpointfolie der Zeilenabstand nicht stimmt, und das vermutlich gar niemandem auffallen wird. Denn der Rest, nämlich die aufwendige Recherche, das Layout, die Struktur der Präsentation und das ausgewählte Bildmaterial, ist wirklich erste Sahne! Wir können uns auch antrainieren, all diese positiven Seiten zu äußern.

Wahrscheinlich werden uns Lob und Kritik niemals in einem ausgewogenen Verhältnis zuteilwerden. Doch bevor wir das anderen übelnehmen, könnten wir sie direkt nach Feedback fragen und eben auch explizit danach, was ihnen an unserer Arbeit besonders gefällt. Das heißt zwar nicht, dass wir dann nur positives Feedback bekommen, aber es wäre doch einen Versuch wert, oder?

Achte zudem darauf, inwieweit dein Umfeld dir implizit Wertschätzung entgegenbringt, ohne es zu verbalisieren: Bekommst du zum

Beispiel wichtige Aufgaben übertragen, fragt man dich gerne um Rat, schenkt man dir Vertrauen, folgen viele Menschen deiner Geburtstagseinladung? Vielleicht willst du dich zukünftig selbst mehr darauf fokussieren, das Positive zu benennen, das du bisher stillschweigend zur Kenntnis genommen hast, und damit inspirierend vorangehen? Etwa die Schwiegermutter für ihren schönen Garten zu loben und dich aufrichtig dafür bedanken, dass sie an deinen Geburtstag gedacht hat. Das ist viel besser, als ihr zum dritten Mal zu sagen, dass sie den Enkeln verdammt noch mal weniger Schokolade geben soll.

Der Ton geht gar nicht!

Es war der 17. Dezember 2017. Ich saß in Südtirol in einer kleinen Ferienwohnung, es war nach Mitternacht und ich hatte gerade auf »Senden« gedrückt. Uiiii. Schlafen? Ging jetzt gar nicht. Oh, war ich stolz und aufgeregt! Gerade hatte ich meinen allerersten Podcast hochgeladen. Nachdem ich Wochen und Wochen alles vorbereitet hatte – Mikros und Software getestet und gekauft, Plattformen für das Streaming verglichen und schließlich ein Abo abgeschlossen, das Thema für die erste Episode hoch- und runtergedacht und irgendwann auch geschrieben (acht Seiten), den Namen und die Bilder für den Podcast entwickelt, passende Jingles für Intro und Outro gesucht und gekauft und schließlich die Texte für die Plattform verfasst. Heute, nach einem langen, schönen Skitag, hatte ich dann den Text mehrfach eingesprochen, bis ich einigermaßen zufrieden war. Wahrscheinlich hätte ich es noch zig Mal machen können und wäre nicht hundertprozentig happy gewesen. Hatte ich wirklich alles gesagt, was wichtig war? Dann machte ich mich noch mehrere Stunden ans Schneiden und Zusammenfügen des Podcasts. Sollte ich das Äh drinlassen? Wie lang sollte der Jingle zu hören sein? Alles nicht so einfach.

Nach wochenlanger Vorbereitung und einer Unmenge an Arbeitsstunden hatte ich also auf »Upload« gedrückt. Und was passierte jetzt?

Ich bin sicher, Sie haben da eine Reihe guter Punkte angesprochen... vielleicht sollten Sie nur noch Ihr Mikrofon einschalten.

Nichts! Zu meinem Leidwesen passierte stundenlang gar nichts. Später lernte ich: Bis Apple sich die Daten auf die iTunes-Plattform zieht, kann es schon mal 24 Stunden dauern. Zum Glück war es mir schon drei Stunden später gelungen, den Podcast über meinen Player im Smartphone zu finden, herunterzuladen und Probe zu hören. Die Downloadzahlen zu dem Zeitpunkt: drei. Eine aus Italien und zwei aus den USA. Aha.

Zugegeben, damals hatte ich von einem gelungenen Podcast-Launch wirklich keine Ahnung. In den nächsten Tagen schrieb ich an ein paar meiner Seminargruppen eine E-Mail, dass mein Podcast nun wie versprochen verfügbar sei. Die Downloadzahlen stiegen zwar, aber das war's dann auch schon. Keine persönliche Rückmeldung, kein »Ich habe es gehört«, »Spannend!« oder »Blöd!«. Nichts! Erst fünf Tage später kam dann endlich das erste ersehnte Feedback. Ich las in der E-Mail eines High Potentials, den ich mehrmals gecoacht hatte, folgende Sätze: »Hallo Terry, habe in deinen Podcast reingehört. Der Ton geht gar nicht.« Es folgte eine lange Liste an möglichen Aufnahmegeräten und Softwareoptionen.

Ehrlich? Für einen Moment wurde mir schwummrig. Mein Magen verkrampfte sich ein wenig. Der Ton geht gar nicht – was sollte das denn heißen? Ich hatte es doch angehört und mein Mikro war ultragut. Mein zweiter Gedanke war: »Der Ton, der Ton ... Ist das der Dank? Ist dem überhaupt klar, wie viel Arbeit da drinsteckt?« Ich wurde ein bisschen wütend auf ihn. Kurz überlegte ich sogar, ihm eine freche E-Mail zurückzuschreiben. Hatte der noch alle Tassen im Schrank? Glücklicherweise meldete sich aber eine weitere Stimme in mir, zwar leise, aber hörbar: »Hey, der mag dich. Das weißt du. Der meint es gut mit dir.« Das half ein wenig. Mein dritter Gedanke: »Oh, wenn der Ton wirklich so schlimm ist, was denkt jetzt die ganze Welt über mich? Vielleicht lasse ich das mit der Podcasterei und stampfe alles wieder ein.«

Zwar ein bisschen unter Schock, aber mit Volldampf suchte ich mir einen Kopfhörer, hörte mir die Folge noch mal an und kam schnell zu dem Schluss: Er hatte recht! Mit Kopfhörern war der Sound eine ganz andere Nummer. Nun recherchierte ich, wie man eine Audiodatei »entrauschte« – und 90 Minuten später lud ich die überarbeitete Episode ins Netz. Ich hoffte inständig, dass die bisherigen Hörer sie nicht mit Kopfhörern angehört hatten. Hatten sie aber. Heute weiß ich, dass die Audioqualität entscheidend für Podcasts ist. Von daher: Danke, lieber Mister X, für das gute Feedback!

Viele Wochen später trudelten weitere E-Mails mit Feedback von spannenden Menschen aus der ganzen Welt ein. Warum die ersten Feedbacks aus Chile und Spanien kamen, habe ich trotzdem nie verstanden. Irgendwann meldeten sich sogar frühere Mitschüler, die ich schon 20 Jahre nicht mehr gesehen hatte. Fast alle schrieben mir, dass mein Podcast sie stärkte und berührte. Na, dann hatte er also doch einen Mehrwert!

Für meinen Umgang mit Feedback steckten in dieser Erfahrung wieder mal ein paar wichtige Learnings.

Feedbackgeber, die den Finger in die Wunde legen und ehrlich sind, sind Gold wert!

Von solchen Menschen können wir lernen. Sie können uns den Hintern retten, Geld, Nerven und Zeit ersparen, wenn wir offen dafür sind, ihr Feedback anzunehmen. Das ist der springende Punkt: Wer anfängt, sich zu wehren, dem werden potenzielle Feedbackgeber in Zukunft wichtige Hinweise eher vorenthalten.

Gesagt und gehört sind zwei verschiedene Paar Schuhe

Manchmal bekommen wir echte Geschenke und machen sie selbst zum Gift. Wie in diesem Fall. In der E-Mail stand: »Der Ton geht gar nicht.« Ich hörte aber etwas ganz anderes: »Du gehst gar nicht« oder zumindest »Du gehst als Podcasterin gar nicht«. Der Autor und Kommunikationsexperte Friedemann Schulz von Thun hat in seinem Werk *Miteinander reden*[2] mit dem Vier-Ohren-Modell eindrücklich beschrieben, was mir da passiert war: Ich hatte eine Sachbotschaft zu einer Beziehungsbotschaft gemacht und sie – zumindest kurzzeitig – persönlich genommen, mich abgewertet gefühlt. Ich war gekränkt, getroffen, verunsichert. Das war zweifellos meiner Unsicherheit als Anfängerin in der Podcast-Welt geschuldet. Die Gewissheit, dass dieser Feedbackgeber mich nicht treffen, sondern mir helfen wollte, half mir in dieser Situation sehr. Es dauerte dennoch eine Weile, bis das auch gefühlsmäßig eingesickert war. Dabei hatte er wirklich alles richtig gemacht.

Rundum-Feedback ist Arbeit

Noch etwas wurde mir peu à peu klar: Ich hatte mich darüber aufgeregt, dass sich sein Feedback nur auf den Ton bezogen und er alles andere unkommentiert gelassen hatte. Aber Hand aufs Herz: Wäre das nicht ein bisschen viel verlangt? Es ist schließlich nicht die Aufgabe des Feedbackgebers, unsere Arbeit rundum zu beleuchten. Zwar wäre ein differenziertes Feedback zu unterschiedlichen Aspekten toll gewesen, aber das kann man nicht jedem zumuten. Denn das ist echte Arbeit!

Als Coach für Führungskräfte und High Potentials ist mir klar, was differenziertes und konstruktives Feedback wirklich bedeutet. Genau hinzuschauen, verschiedene Aspekte zu beleuchten, Vergleiche anzustellen und dabei die richtigen Ziele im Blick zu haben, hilfreiche Vorschläge zu machen: Das ist eine Dienstleistung, die ich für meine Kunden zwar gerne erbringe, die aber genau das ist – eine Leistung. Von einem kompetenten Feedbackgeber eine Rundum-Beleuchtung zu erwarten wäre genauso frech, wie vom befreundeten Konditor zu verlangen, bei jedem Besuch eine Torte mitzubringen.

Viele Fans geben sich nur zögerlich, die meisten nie zu erkennen

Bekommst du viele oder wenige Rückmeldungen aus deinem beruflichen Umfeld? Du kannst einen tollen Job machen und niemand spiegelt dir das. Und umgekehrt gilt das genauso. Qualität ist in vielen Bereichen einfach selbstverständlich und wird oft stillschweigend konsumiert. Auch ich konsumiere vieles stillschweigend: Bücher, Radiosendungen, Filme, Podcasts ... Die Verfasser und Produzenten haben dazu oftmals meinen stillen Dank. Vielleicht sollte ich hie und da auch mal Rückmeldung geben, bevor sie ihre Werke noch einstellen?

Das meiste, was sich Menschen zu uns, unserem Verhalten oder unseren Leistungen denken, bekommen wir nie zu hören. Aber auch unsere Feinde werden wir nicht alle kennenlernen. Gott sei Dank! Ich habe die Erfahrung gemacht: Die Rückmeldequote variiert je nach Job – und das hat weniger mit dir und deiner Performance als mit deiner Tätigkeit zu tun. In einer Hotline gibt es z. B. viel direktes Feedback, bei der Straßenmeisterei eher weniger. In meinem Seminar oder Vortragssaal bekomme ich Feedback in der Regel direkt mit. Da habe ich auch immer die Gelegenheit, danach zu fragen. Dagegen sind mein Podcast und mein YouTube-Kanal für mich Traum und Höchststrafe zugleich: Ich erreiche pro Monat Tausende Menschen – aber was es bei ihnen bewirkt, weiß ich nicht. Ich sehe Downloadzahlen und dass es viele treue Hörerinnen und Follower gibt. Von den meisten habe ich jedoch noch nie gehört oder gelesen und werde es vielleicht auch nie tun. Meine Aufrufe, sich über die sozialen Medien zu äußern, werden erfahrungsgemäß nicht von allen befolgt. Natürlich gestehe ich jeder und jedem das Recht zu, diese Themen auch ohne Rückmeldung zu konsumieren. Der Pferdefuß ist, dass ich somit nur zum kleinen Teil weiß, was ich über diese Kanäle bei Menschen erreiche.

Ich erinnere mich an eine besonders schöne Feedbacksituation: Ich saß am Ammersee in dem schönen Örtchen Buch auf einem Steg, schaute gedankenverloren über den schimmernden See in Richtung Berge. Da sprach mich eine Frau an: »Sagen Sie, machen Sie nicht diesen Podcast?« Ich war richtig verdutzt. Sie erzählte mir überschwänglich, was meine Episoden aus »Die neuen Helden« schon in ihrem Leben verändert hatten. »Wie schön«, dachte ich. »Ich bewege etwas. Wow, schön, dazu einmal ein Gesicht zu sehen!« Es war ein sehr herzliches Gespräch mit gemeinsamem Blick über den See. Wunderbar!

Ein ähnliches Erlebnis hatte ich, als ich vor ein paar Monaten einem Manager in einem größeren Einkaufscenter begegnete. Er erzählte mir, die Stimmung im Laden sei ausgelassener, denn die Verkäuferinnen hätten sich angewöhnt, meinen Podcast zu hören, und das habe sie inspiriert. Hey, da sind Menschen gut gelaunt und erledigen mit mehr Freude und Motivation ihren Job. Dazu durfte ich beitragen. Wie schön! Solches Feedback hilft mir weiterzumachen. Denn in der Regel bekomme ich davon so gut wie nichts mit.

Ich erkannte: Wenn du Feedback haben willst, musst du es dir aktiv einholen, Menschen explizit darauf ansprechen oder dir Systeme suchen, aus denen du ein gewisses Feedback herauslesen kannst. Besonders im Internet gilt: Was nicht gefällt, wird von den meisten einfach gelöscht oder gemieden. Als Content-Produzent begegnet man diesem Umstand, indem man sich Feedback in Form von Zahlen beschafft, sehr ausdauernd im Bitten um Feedback ist und die Erkenntnisse daraus in die Konzeption einfließen lässt.

Doch auch wenn du aktiv nach Feedback fragst: Die meisten Menschen werden trotzdem gerne schweigen, denn Feedback macht Arbeit. Oft ist es ihnen auch unangenehm, dass sie dabei etwas über sich selbst preisgeben. Sie werden dir also Lob und auch Kritik vorenthalten. Und das ist ihr gutes Recht. Denk daran: Feedback ist immer freiwillig!

Die Blackbox der Dankbarkeit

Es war gegen 20 Uhr und ich saß mit meiner Seminargruppe beim Abendessen. Die Stimmung am Tisch war ausgelassen. Alle Teilnehmer waren am Lachen, Witzeln oder wild am Diskutieren. Bis auf Max, der mir schräg gegenübersaß. Seine Stirn war in Falten gezogen, er schien irgendwie nervös zu sein. Mit zunehmend genervter Miene sah er sich im Raum um, zerknüllte seine Serviette. Was war denn da los? So kannte ich ihn gar nicht.

»Max, hast du vielleicht Lust, das Dessert am Nebentisch mit mir einzunehmen?«, sprach ich ihn an. Wenige Sekunden später bereute ich meine Frage ein bisschen. Denn er schaute hoch, sah mir aber nicht in die Augen. Irgendwie grimmig, die Nase kräuselnd, nickte er langsam und grummelte: »Hmm … okay.«

Während wir uns an den Nebentisch setzten, ging ich in Gedanken noch einmal den Tag durch. Hatte ich ihn irgendwie verärgert? Wir hatten viele Methoden besprochen. Konnte er als Mechatroniker vielleicht nichts damit anfangen? Passte davon nichts in seinen Alltag? Aber irgendwie war er da doch noch ganz gut drauf gewesen. Am Schluss hatten wir noch eine spezielle Gedankenreise gemacht. Ob so was nicht nach seinem Geschmack war? Wäre möglich, aber deswegen so eine miese Stimmung?

Behutsam versuchte ich, den wahren Grund für seine Gemütslage aus ihm herauszukitzeln: »Max, du bist so still. Gleichzeitig wirkst du auf mich irgendwie verärgert. So kenne ich dich gar nicht. Darf ich fragen, was los ist?«

Stille. Er schaute mich immer noch nicht richtig an. Dann räusperte er sich und sagte mit tiefer, aber auch belegter Stimme: »Terry, du hast mir alles kaputt gemacht.«

Mir fiel in dem Moment vermutlich fast alles aus dem Gesicht. In meinem Kopf fing es an zu rattern. Noch einmal ging ich gedanklich blitzschnell unsere heutigen Gesprächssituationen durch. Hatte ich ihn, seine Gedanken oder Pläne unbewusst abgewertet?

Dann sprach Max weiter und riss mich aus meinen Gedanken: »Weißt du, ich wollte unbedingt Werkleiter werden. Seit vielen Jahren arbeite ich jetzt schon genau auf dieses Ziel hin. Und heute, bei dieser mentalen Reise, die du mit uns gemacht hast, ist mir klargeworden, dass der Job für mich der völlig falsche Weg ist. Mein Gott, ich habe mir da was vorgemacht. Ich will das gar nicht! Ich bin dir so dankbar für diese letzte Übung!«

Jetzt staunte ich Bauklötze. Ich war total überrascht. Nicht nur weil für ihn der Weg als Werkleiter nicht der richtige schien, sondern vor allem weil ich sein Verhalten so grandios missinterpretiert hatte. Ich hatte seine emotionale Gemütslage komplett auf mich bezogen, obwohl sie absolut nichts mit unserer Beziehung zu tun hatte. Aufgrund seiner Mimik und Gestik hätte ich mit allem gerechnet – nur nicht mit Dank!

Max hatte also herausgefunden, dass der Job als Werkleiter keine gute Wahl für ihn wäre. Ich habe aus dieser Situation für mich ganz andere Lektionen gelernt.

Die Stimmung anderer hat oft mit dir nichts zu tun

Wir beobachten die Stimmung anderer und beziehen sie häufig auf uns. Mag der andere uns? Haben wir etwas richtig oder falsch gemacht? Wir fühlen uns abgewertet, angezweifelt oder aufgewertet und bestärkt. Aber mal ehrlich: Der oder die andere wird mehr im Kopf oder auf dem Herzen haben als uns. Ist es nicht schon fast überheblich, die Gemütslage anderer auf sich selbst zu beziehen? Lassen wir das also besser. Oder fragen zumindest mal nach, bevor wir eine bestimmte Reaktion unseres Gegenübers gleich persönlich nehmen (mehr dazu in Kapitel 7).

Bei Körpersprache, Mimik und Gestik kann man sich leicht »verlesen«

Ich bekomme mehrmals pro Woche Feedback – auf der Bühne, auf Podien und natürlich in Seminarräumen. Ich bin darin geübt, mich immer wieder selbst zu überprüfen: »Bin ich auf dem richtigen Weg?«, um dann eventuell mein Verhalten anzupassen, als Speakerin genauso wie als Trainerin oder in der Beratung. Natürlich frage ich viel. Aber ich lese auch zwischen den Zeilen: in Verhaltensweisen, körpersprachlichen Signalen und verbalen Reaktionen. Man könnte sagen: Ich habe viel Erfahrung und eine gute Expertise bei diesem Thema. Dennoch liege ich oft voll daneben, wenn es darum geht, Lob oder Kritik anderer zu interpretieren. Diese Erkenntnis möchte ich gerne mir dir teilen, denn man verschätzt sich sehr leicht dabei, wenn man Lob oder Kritik in der Miene oder im Verhalten anderer lesen will – oder zumindest zu lesen glaubt.

Ich hatte schon extrem schweigsame Seminarteilnehmer, die im Nachhinein sagten, dass ein Seminarthema für sie im Grunde irrelevant war. Ich hatte andere genauso schweigsame Teilnehmer, die mir im Nachhinein Dankesbriefe schrieben, wie sehr dieses Thema ihr Leben verändert hatte. Ihre Mimik und ihr Schweigen verrieten mir nicht – und schon gar nicht eindeutig –, ob es spannend oder langweilig für sie war.

Zum Glück bin ich mit meiner Einschätzungsunsicherheit oder auch möglichen Fehlinterpretationen nicht alleine: Dieter Nuhr ist ein Kabarettist, den ich sehr schätze, und ganz besonders liebe ich folgende Anekdote von ihm. Er berichtet darin, wie er in einer seiner Veranstaltungen dachte, es müsse für die Zuschauer ein Graus sein. Denn während seines gesamten Vortrags war es mucksmäuschenstill in der Halle. Kein Lachen, kein Applaus. Er sah nur ernste Gesichter in den Reihen. Als er schließlich nach der Veranstaltung über den Parkplatz lief und dort einen Mann sah, der sich vor ihm aufbaute, bekam er es mit der Angst zu tun. Er dachte, der sei bestimmt sauer, weil er das Ticket bezahlen musste. Jetzt bekäme er gleich eine aufs Maul. Nachdem der Kabarettist kapiert hatte, dass Flucht zwecklos war, blieb er stehen und hörte die Worte dieses »Kleiderschranks«: »Ich hab noch nie so gelacht!«[3]

Es gibt Menschen, die an allem herummeckern, was du tust. Dennoch können sie deine größten Fans sein und würden dich bis aufs Blut verteidigen. Menschen, von denen du denkst, sie können dich auf den Tod nicht ausstehen, finden dich eigentlich klasse oder sind gar in dich verliebt. Das Gegenteil gibt es natürlich auch: Ein Kunde lächelt dir freundlich ins Gesicht und du bist sicher, den Abschluss in der Tasche zu haben. Stattdessen kauft er einen Tag später beim Wettbewerber. Wie sagt man so schön? Da steckst du nicht drin! Hast du so etwas auch schon erlebt? Natürlich kannst du auch weiterhin die Stimmung anderer lesen, interpretieren und versuchen, Rückschlüsse aus ihrem Verhalten zu ziehen. Geh bitte nur einfach davon aus, dass deine Schlussfolgerungen öfter mal gründlich danebenliegen.

Dankbarkeit zeigt sich oft spät oder nie

Durch mein Gespräch mit Max ist mir bewusst geworden, dass mich in meinem Leben andere Menschen oft in Situationen gebracht haben, für die ich im Nachhinein sehr dankbar war, ohne es ihnen jemals gesagt zu haben. Ich bin zum Beispiel meinem Englischlehrer sehr dankbar für die unangekündigten Vokabeltests und seine Strenge; meiner Mutter für das lange Unterhemd und die Erinnerung an die guten Manieren; meinem ersten Chef dafür, dass er mich vor Aufgaben stellte, die mich damals ziemlich überforderten. All diese Menschen waren für mich sehr wichtige Lehrer des Lebens. In einer schwierigen oder unangenehmen Situation erfassen wir den Mehrwert nicht unmittelbar. Dankbarkeit entsteht daher oft viel später. Wir sind überfordert von der Situation oder genervt aufgrund der Umstände.

Ich komme aufgrund meines Berufs regelmäßig in solche Situationen. Als Coach darf oder muss ich Menschen den Spiegel vorhalten. Auch wenn ich das behutsam tue, ist das nicht immer schön für den Klienten. Als Moderatorin von Strategiemeetings und Future-Konferenzen konfrontiere ich Führungskräfte auch mal mit unschönen Wahrheiten, damit wir sinnvolle Veränderungen anstoßen können. Für manche bin ich dann vielleicht zunächst die Böse, aber das kann ich mittlerweile gut ertragen. Es ist mir deutlich wichtiger, für den Kunden einen Mehrwert zu erzeugen, als von allen lieb gehabt zu werden. Dafür werde ich schließlich nicht bezahlt.

Auch du wirst deine Mitmenschen vor Herausforderungen stellen oder mit negativen Dingen konfrontieren – ob mit der Nachzahlung ans Finanzamt, der Info, dass dein Produkt nicht lieferbar ist, einer schlechten Note, einer Kündigung oder mit der Anmerkung, dass du ihr Kleid nicht magst. Manchmal bist du der Grund, manchmal eben auch nur der Überbringer schlechter Nachrichten. Dadurch triggerst du womöglich negative Emotionen bei denjenigen, bekommst Kritik oder Beschimpfungen ab und dein Gegenüber ist sauer auf dich. Möglicherweise ist die Person eines Tages dafür dankbar, aber: Du wirst es vielleicht nie erfahren. Lohnt es sich dann, die Kritik so schwer zu nehmen?

Der verfluchte Kartoffelsalat

Ich war mit einer guten Freundin in einem Café verabredet. Wir saßen erst seit zwei Minuten hatten just unseren Cappuccino bestellt, da brach es auch schon aus ihr heraus: »Boah ey, diese blöde Kuh. Meine Nachbarin, die hat sie ja wohl nicht mehr alle! Terry, du beschäftigst dich doch so viel mit Feedback. Und ich finde Feedback ja per se gut. Und du sagst ja auch: Da kann man so viel draus lernen. Aber manche Menschen können mit der Wahrheit einfach nicht umgehen!«

Ich verkniff mir zunächst jeden Kommentar und hörte nur zu. Meine Freundin redete sich weiter in Rage: »Da war ich doch letzte Woche auf dem Geburtstag dieser Trulla. Also, anfangs fand ich die ja noch echt nett. Sind neu zugezogen. Sie hat eine große Grillparty organisiert. Und wie das so ist: Jeder macht dann einen Salat und bringt Brot mit oder so. Auf jeden Fall: Sie selbst hat einen Kartoffelsalat und einen Eiersalat gemacht. Ey, ich sag dir – der Kartoffelsalat ging gar nicht und ist auch fast komplett übriggeblieben. Am Tag drauf habe ich ihr beim Aufräumen geholfen und sie fragte mich dann: ›Wie hat dir denn der Kartoffelsalat geschmeckt?‹ Und ich dachte schon gleich: ›Oh Gott, wie sag ich das jetzt am besten?‹, denn ich wollte sie ja nicht verletzen. Also frage ich erst einmal: ›Willst du mein ehrliches Feedback?‹ Da hat sie genickt. Und dann hab ich ganz ehrlich gesagt: ›Du, der ging gar nicht. Also, das mit der Mayonnaise, das mag hier halt keiner. Hier werden die mit Essig und Öl gemacht. Und außerdem war viel zu wenig Salz dran.‹ Ich wollte ihr doch nur helfen, und sie wollte schließlich mein ehrliches Feedback. Also sagte ich noch: ›Bei dem Eiersalat musst du auch aufpassen. Da war viel zu viel Mayonnaise drin. Das mag hier keiner. Das ist einfach zu fett.‹ Na ja, ich glaub, das wollte sie nicht hören, aber es hilft ja nix. Ich wollte dann noch was zu den fetten Würstchen sagen, aber dann hat sie so getan, als müsste sie jetzt ganz schnell die Gläser wegräumen. Und weißt du was? Jetzt fängt die blöde Kuh an, uns Briefe in den Postkasten zu werfen. Wir müssten die Hecke auf 1,60 Meter runterschneiden und so'n Scheiß. Alles andere wäre nicht regelkonform. Sag mal, hat die noch alle Latten am Zaun? Und ihr Mann hat sie auch nicht mehr alle. Weißt du, wo der mittlerweile parkt? Immer ein Stück vor unserer Einfahrt. Wir sind jetzt beim Anwalt …«

An der Stelle unterbrach ich meine Freundin und begann, ihr ein bisschen über die Kunst des Feedbackgebens zu erzählen, was dabei im Gehirn passiert, was die Konfliktforschung dazu sagt, und wir analysierten, welche Mechanismen sie durch ihre Kritik möglicherweise unbewusst getriggert hatte.

Ich möchte diese Story nutzen, um etwas tiefer in die Gedankenwelt der Feedbackgeber einzutauchen. Wenn wir das als Feedbacknehmer häufiger tun, können wir viele Feedbackmechanismen besser verstehen.

Viele Feedbackgeber meinen es wirklich nicht so

Meiner langjährigen Freundin, da bin ich mir sicher, ging es – zumindest am Anfang – tatsächlich nur um den Kartoffelsalat. Sie hatte nicht vor, ihre neue Nachbarin zu kränken, sondern hegte sogar große Wertschätzung für sie. Sie hatte für ihr ehrliches Statement zum Kartoffelsalat ihren ganzen Mut zusammengenommen und es gut gemeint. Sie wollte ihrer Nachbarin nicht sagen, dass sie eine unfähige Köchin oder gar schlechte Gastgeberin sei. Doch das waren vermutlich die Botschaften, die bei der Nachbarin angekommen sind.

Ungeübten Feedbackgebern passieren oft Fehler

Meine Freundin hatte gesagt: »Der Kartoffelsalat ging gar nicht.« Es ist für mich gut nachvollziehbar, dass diese Verabsolutierung in den Augen der Nachbarin, also der Feedbacknehmerin, eine Frechheit war. Vor allem weil es sich offensichtlich um Geschmacksfragen drehte. Eine verabsolutierende Formulierung wie »Es ist …« oder »Das geht nicht …« wirkt anmaßend und ist in solchen Fällen völlig fehl am Platz. Besser wäre es gewesen, wenn meine Freundin ihre Kritik mit einem kleinen Zusatz versehen hätte, der da heißt: »in meiner Welt«. Auch eine Ich-Botschaft wie »Ich esse lieber Kartoffelsalat mit Essig und Öl, wie er in Schwaben üblicherweise gemacht wird«, wäre vermutlich weniger schmerzhaft gewesen.

Wenn also jemand zu dir sagt: »Der Kartoffelsalat geht gar nicht«, dann ergänze im Stillen: »Der Kartoffelsalat geht ›in seiner Welt‹ gar nicht!«. In seiner Welt ist das so. Punkt. Nicht mehr und nicht weniger. Denn ein Feedbackgeber gibt dir einen Einblick in seine Welt, seine Werte, seine Gedanken, sein Wissen, seine Erfahrungen. Er wird dies jedoch nicht immer explizit betonen.

Kritik hört fast niemand gerne – auch nicht, wenn er danach fragt

»Nach Feedback fragen« und »Feedback vertragen« sind zwei verschiedene Paar Schuhe. Um die Nehmerqualitäten ist es bei Kritik (aber auch bei Lob) so schlecht bestellt, dass es schon fast unmöglich ist, als Feedbackgeber alles richtig zu machen.

Jetzt mal Tacheles: Klar sollten wir als Feedbackgeber lernen, unser Feedback angemessen zu formulieren. Klar können wir Fingerspitzengefühl zeigen und manchmal auch einen Eiertanz machen. Aber hey, wenn du jemanden nach seiner ehrlichen Meinung zu deinem Kartoffelsalat fragst, dann antwortet derjenige eben auf deine Frage. Es ist sein gutes Recht, davor nicht zehn Mal zu sagen, wie schön es ist, dass du zugezogen bist, dass dich alle supernett finden, dass das Bier wirklich frisch gezapft und die Musikauswahl grandios war. Du hast nach dem Kartoffelsalat gefragt und derjenige mochte ihn nicht. Punkt. Man muss nicht alles persönlich nehmen. Das ist irgendwie auch eine Frechheit. So, entschuldige bitte, aber das musste mal raus! Damit du den Kartoffelsalat und andere Dinge als Feedbacknehmer nicht überinterpretierst, schau auf jeden Fall noch mal in Kapitel 7. Da gehen wir diesem Unding auf den Grund.

Manchmal bist du das Opfer einer Eskalation

Meiner Freundin flatterte kurz nach der Grillparty ein Brief zur Heckenhöhe ins Haus. Auch sie hatte also nun Kritik geerntet. Sie vermutete, dass es sich dabei um eine Art Revanche der neuen Nachbarin für ihre Kartoffelsalatkritik handelte, und ich würde das genauso sehen.

Wenn du an die letzte Kritik denkst, die du »aus heiterem Himmel« erhalten hast: War auch sie vielleicht eine Revanche? War sie vielleicht eine Eskalation aufgrund eines vorangehenden Ereignisses, bei dem du der Feedbackgeber warst? Dann wäre die an dich gerichtete Kritik kein Angriff, sondern vielmehr eine Verteidigung durch einen Gegenangriff. Versteh mich bitte nicht falsch: Es geht nicht darum, wer schuld an irgendetwas ist, sondern darum, zu ergründen, wie es möglicherweise dazu gekommen sein könnte. Bist du unbewusst oder zumindest nicht aus bösem Willen jemandem aufs Füßchen getreten? Hast du denjenigen durch dein Verhalten oder deine Worte beleidigt, gekränkt oder provoziert? Wie gesagt: Das muss nicht so sein. Aber manchmal bekommen wir eben Gift serviert, weil wir selbst vorher giftig waren.

Eine Möglichkeit wäre, die betreffende Person zu fragen, ob etwas vorgefallen ist. Dann kannst du dich entschuldigen, falls das nötig sein sollte, oder ihr klärt gemeinsam die Sache zumindest auf, bevor es unsinnig weiter eskaliert.

Meine Freundin hat sich leider nicht zu einem klärenden Gespräch inklusive Friedenspfeifen-Prosecco an den Gartenzaun getraut. Schade. Inzwischen sind beide Parteien beim Anwalt, es geht mittlerweile um unklare Grundstücksgrenzen und angeblich unsachgemäße Anbauten. Meine Freundin überlegt tatsächlich, mit ihrer Familie wegzuziehen. Und das alles wegen eines Kartoffelsalats!

Wer gläserne Decken einzieht

An einem Seminartag ging ein ehrfürchtiges Raunen durch die Reihen der Teilnehmer meiner aktuellen Führungsausbildungsgruppe: Ich hatte gerade den CEO des Unternehmens als unseren »Kamingast« für diesen Abend angekündigt. So nennen wir es, wenn nach einem Seminar abends jemand aus dem Vorstand oder dem höheren Führungskreis dazukommt, um in lockerer Atmosphäre bei einem Glas Rotwein mit der Mannschaft zu diskutieren: über aktuelle Firmenthemen, Strategie, neue Produkte und vieles mehr.

Auf diesen Abend freute ich mich ganz besonders. Der CEO leitete bereits seit mehreren Jahren das Unternehmen und hatte aufgrund seiner Position eine Menge zu erzählen. Ich fand es auch eine schöne Wertschätzung, dass er sich heute Abend Zeit für uns nahm. Noch dazu kannte ich ihn aus zahlreichen Einzelcoachings und schätzte ihn sehr. Er trug enorm viel Verantwortung, war besonnen, sehr engagiert und bei alledem menschlich geblieben. Zudem verfügte er über einen klasse Humor.

Manche Seminarteilnehmer haben gegenüber solchen Zusammenkünften Vorbehalte. Sie denken, es würde ein stocksteifer Abend und die Offenheit sei eine Farce. Tatsächlich kann ich von den allermeisten Veranstaltungen das Gegenteil berichten: Entgegen der landläufigen Meinung waren unsere Kaminabende – zumindest in meinen letzten zehn Jahren – zu 95 Prozent sehr kurzweilige, lockere Runden, in denen sehr offen gesprochen wurde. So war es auch an besagtem Abend.

Irgendwann fragte jemand: »Was ist ihr größtes Problem?«

Der CEO überlegte kurz, dann sagte er: »Wissen Sie, ich habe mich hier im Unternehmen von der Basis hochgearbeitet. Ja, ich habe hier sogar meine Ausbildung gemacht. Ich fand es früher so schlimm, dass sich unsere Großkopferten nicht wirklich für uns interessierten und keinen blassen Schimmer hatten, wie es bei uns aussah. Diese gläserne Decke, die der Vorstand damals zwischen sich und den Mitarbeitern hatte, fand ich ganz furchtbar. Damals habe ich mir schon geschworen:

›Wenn ich mal so weit nach oben komme, dann will ich weiter Kontakt zur Basis haben. Ich will immer wissen, was wirklich läuft.‹«

Nun schienen die Anwesenden ganz Ohr zu sein. Manche schienen die nächsten Worte nun besonders kritisch hinterfragen zu wollen. Meinte er das ernst? Er fuhr fort: »Tja, irgendwann war ich dann selbst Vorstand. Und soll ich Ihnen etwas sagen? Ich habe oft den Eindruck, meine Mitarbeiter sind nicht mehr ganz ehrlich zu mir. Ich bekomme nur noch einen Teil der Informationen. Sie handeln mir gegenüber eher strategisch denn offen. Es ist angeblich alles großartig und ich bekomme nur Lob als Chef. Dabei mache ich bestimmt nicht alles richtig!«

An dieser Stelle gingen so einige Augenbrauen nach oben und vielsagende Blicke wurden gewechselt. Mit so offenen Worten hatte wohl keiner gerechnet. Der CEO erklärte weiter: »Ich weiß nicht, ob sich meine Mitarbeiter davon Aufstiegschancen erhoffen, dass sie nur Positives an mich berichten. Ich kann nur sagen: Nicht ich habe diese gläserne Decke nach unten eingezogen, sondern die Ebenen unter mir schirmen mich – bewusst oder unbewusst – ab. Ich hätte sehr gerne ehrliches Feedback, auch kritisches, aber ich bekomme nichts davon. Und das liegt nicht daran, dass ich ein guter oder ein schlechter Mensch bin. Es hängt an meiner Rolle im Unternehmen. Und das trifft mich.« Es entstand kurz ein betretenes Schweigen im Raum, bis er fortfuhr: »Es gibt nur ganz wenige Menschen in unserem Unternehmen, die zu mir oder über uns mal was Kritisches sagen. Und auch wenn diese Rückmeldungen mir dann natürlich nicht so viel Spaß machen, bin ich denen, die den Mut dazu aufgebracht haben, sehr dankbar und schätze ihre Offenheit. Denn meistens muss ich leider davon ausgehen: Ich kann auf das Feedback meines Umfelds nicht mehr bauen.«

Er erzählte an diesem Abend noch vieles mehr, doch diese Offenbarung hat bei den meisten Seminarteilnehmern nachhaltigen Eindruck hinterlassen. Auch für mich steckten in seinen Worten einige wichtige Erkenntnisse.

Feedbackgeber haben oft eine heimliche Agenda

Auch Feedbackgeber haben Ziele – und zwar auf jeder Ebene. Dementsprechend kann Feedback manchmal sehr manipulativ genutzt und allein auf die Vorteile des Gebers ausgerichtet sein. Offenheit und Ehrlichkeit? Fehlanzeige! Ich nenne das »strategisches Feedback«. Deine Feedbackgeschenke hängen also nicht nur mit deiner Performance zusammen. Deine Rolle oder Machtposition gegenüber der Person hat entscheidenden Einfluss darauf.

Eine Hidden Agenda haben dabei nicht nur Führungskräfte, Mitarbeiter oder Lieferanten wegen geschäftlicher Interessen, sondern vielleicht auch deine Schwiegermutter, die die Enkel öfter sehen will, oder dein Sohn, der sagt: »Du bist die allerbeste Mama!«, in der Hoffnung, dann gibt's noch ein Eis. Eine gut gelaunte Mama ist spendabler und wird für das Lob auch etwas zurückgeben wollen. Das wissen schon Kinder. Das mit der allerbesten Mama wird natürlich trotzdem stimmen! Ist klar.

Wer ehrliches Feedback möchte, muss wohlmeinende Kritiker loben

Viele Menschen haben schlechte Erfahrungen damit gemacht, Feedback zu formulieren. Zum einen ist es, wie wir ja schon festgestellt haben, aufwendig: Man muss sich mit etwas beschäftigen, seine Meinung in Worte fassen und diese am besten auch noch plausibel begründen. Leichter hat es, wer pauschal nörgelt oder einfach sagt: »Alles super!«, und sich seinen Teil denkt. Zum anderen muss man als Feedbackgeber eventuell mit negativen Reaktionen umgehen: Der Feedbacknehmer rastet aus, fängt an zu weinen oder will die Sache kleinreden. Gerade feinfühlige Menschen wagen sich daher ungern aus der Komfortzone und bringen nicht den Mut auf, Kritik zu formulieren. Wer tut sich sowas schon freiwillig an?

Lobe daher den Mut, den Menschen für ein ehrliches Feedback aufbringen, und wertschätze, wenn sich jemand die Mühe macht, dir seine Meinung zu erklären. Denn: Das ist Arbeit! Wenn du dir ehrliches Feedback wünschst, solltest du auf jeden Fall an deinen Nehmerqualitäten arbeiten (siehe dazu auch Kapitel 7). Außerdem kannst du die Menschen in deinem Umfeld, von denen du den Eindruck hast, dass sie es gut mit dir meinen, explizit bitten, kritische Punkte anzusprechen. Du kannst dabei Satzanfänge vorgeben, zum Beispiel: »Und jetzt drei Sachen, die nicht so gut sind. Erstens ...«, um es ihnen zu erleichtern, über ihren Schatten zu springen.

Manchmal helfen Feedbackinstrumente

Damit Menschen ehrlich und schnell ihre Meinung sagen, können anonymisierende Feedbackinstrumente wie Online-Befragungen oder elektronische Abstimmungssysteme (TED-Systeme) helfen.* In der Regel werden die Rückmeldungen dadurch kritischer, weil sich Menschen im Schutz der Anonymität trauen, direkter und ehrlicher zu werden. Das kann also eine echte Chance und sehr lehrreich sein. Diese Instrumente bergen andererseits natürlich die Gefahr, dass Kritik unter der Gürtellinie formuliert wird. Ebenso schwierig ist es, die Rückmeldungen richtig zu interpretieren, da ein Nachfragen bei den meisten Instrumenten nicht vorgesehen ist. Das ist nun mal die Krux der Anonymität.

Jetzt ist Feierabend!

Es war Donnerstag, der vorletzte Tag im High-Potential-Programm. Seit vier Tagen arbeiteten wir in einem schicken Hotel mit 14 Personen intensiv daran, die eigenen Stärken und Einflussmöglichkeiten auszubauen. Es war ein tolles Team, mit viel Energie.

Christian kam auf mich zu: »Ich wollte mal fragen, ob wir morgen früher Schluss machen können. 17 Uhr ist zu spät. Weißt du, zwei

* Manche davon funktionieren sogar in Echtzeit, wie Mentimeter. www.mentimeter.com

von uns müssen ja noch nach Österreich. Das ist eine längere Fahrt. Kannst du da was machen?«

Ich hatte schon mit dieser Frage gerechnet, da mehrere Teilnehmer weit angereist waren. Doch für den nächsten Tag waren noch einige Highlights für die Gruppe geplant. Also erwiderte ich: »Okay, ich schaue, was sich machen lässt.«

Der gesamten Gruppe gab ich aber auch noch folgenden Hinweis mit: »Ich weiß, dass manchen morgen eine lange Fahrt nach Hause bevorsteht. Aber wir haben auch noch so einiges vor. Damit das alles gut klappt, kommt doch morgen bitte alle ausgecheckt ins Seminar. Eure Koffer sind bestenfalls bei Seminarstart auch schon im Auto. Und die Mittagspause wird dann vielleicht etwas knackiger ausfallen, damit wir früher aufhören können. Ist das okay?« Alle nickten.

In der Kaffeepause am nächsten Tag rief mir Christian zu: »Du, ich bin noch 'nen Moment weg. Ich muss schnell zur Rezeption, auschecken.« Husch, weg war er. Nach einer Viertelstunde war er immer noch nicht zurück, daher machte ich ohne ihn mit dem nächsten Thema weiter. Dass er nach seiner Rückkehr ein kurzes Briefing brauchte, um auch in die Übung einsteigen zu können, verstand sich von selbst.

Nach einem schnellen Mittagessen stiegen wir dann in den letzten Themenblock ein. Ich wusste, wie schön und wichtig diese Session für alle sein würde, hatte aber die Uhr im Blick und moderierte zügig. Dafür hatte ich mir noch am Vorabend ein knackiges Moderationsformat überlegt und einiges vorbereitet. Alle Teilnehmer waren einverstanden, im Zuge des naheliegenden Feierabends dazu beizutragen, dass die Session zügig ablief. Es lief tatsächlich wie am Schnürchen und die Teilnehmer kamen aus dem Strahlen nicht heraus.

Um 15:30 Uhr war das letzte Abschlussfeedback ausgesprochen. Alle waren happy. Die Session war voller Energie und aus meiner Sicht sehr rund zu Ende gegangen. Alle hatten eine Ladung an Erkenntnissen für sich mitgenommen, viel notiert und waren schon gespannt auf die Umsetzung im Alltag. Ich war glücklich, aber platt. Feierabend! Den konnte ich jetzt auch gebrauchen.

Zwei Tage später las ich dann in einem Onlineportal Christians Bewertung: »Mir hat alles total gut gefallen. Nur am Abschlusstag hätte ich mir eine intensivere Vorbereitungszeit und eine längere Feedbackrunde gewünscht.« Er hatte dafür zwei von fünf Sternen abgezogen. Ich saß vor dem Laptop, schüttelte den Kopf und dachte: »Ernsthaft?! Er bittet mich, früher Schluss zu machen, aber weil es ihm dann doch nicht lange genug war, zieht er mir öffentlich zwei Sterne ab. Danke für nix!«

Aber weißt du, was zum Thema Feedback anhand dieser Geschichte unglaublich deutlich wurde?

Viele Feedbackgeber sind sich ihrer Wirkung nicht bewusst

Was in der Natur als Wechselwirkungsprinzip gilt, funktioniert auch bei uns Menschen. Jede unserer Aktionen führt potenziell zu einer Reaktion bei unserem Gegenüber. Natürlich können wir nicht genau vorhersehen, wie der andere reagiert, aber wir tragen durch unser Verhalten dazu bei, dass im anderen etwas ausgelöst wird und er eine Reaktion zeigt.

Du kennst sicher Menschen, die offen, herzlich und unvoreingenommen auf andere zugehen und von ihren Mitmenschen – wenig überraschend – regelmäßig mit Herzlichkeit, kreativen Einfällen und einer Einladung zum Abendessen belohnt werden. Manch andere wundern sich hingegen, wenn sie aufgrund ihrer Miene und ihren blöden Sprüchen andauernd »eins in die Fresse kriegen«. Wer hat angefangen? Wessen Verhalten ist denn aus deiner Sicht zu loben oder zu kritisieren? Das des ursprünglich Agierenden oder desjenigen, der darauf reagiert?

Viele unserer Mitmenschen schlagen bewusst oder unbewusst tagtäglich mit ihrer schlechten Laune, ihrer generellen Unzufriedenheit, ihrem Missmut, ihrer Überheblichkeit oder abwertenden Haltung etc. um sich – und geben dann auch noch gerne Kritik zum Verhalten anderer, das sie vermutlich selbst ausgelöst haben. Es sind oft jene, die gerne Fehler bei anderen suchen, um von sich selbst abzulenken und sich gut oder eben »besser« zu fühlen. Ein Gespür für den eigenen Anteil oder gar Eigenverantwortung? Fehlanzeige.

Manche bewerten nicht ihre Bestellung, sondern den heimlichen Traum

Jemand hat etwas bei dir angefragt und du willst dem gerecht werden. Du schickst dich an, seinen Wunsch zu erfüllen. Dabei gilt für dich vielleicht die Prämisse: »Ein gutes Pferd springt nur so hoch, wie es muss.« Ja, das ist durchaus clever. Denn was bringt es, immer Höchstleistungen zu erbringen, wenn das gar nicht gefordert wird? Das könnte echte Ressourcenverschwendung sein. Im Zweifel zahlen wir mit der eigenen Energie oder Lebenszeit. So geben zum Beispiel manche Mitarbeiter keine brillante Performance in der Präsentation ab, weil sie nicht wissen, dass es ein sehr wichtiger Kundentermin ist.

Wann immer du etwas tust, ist es hilfreich, die tatsächlichen Erwartungen zu kennen. Lob und Kritik können wir und andere nur aussprechen, wenn wir ein Maß und eine Vorstellung von 100 Prozent oder »voll erfüllt« haben. Wir brauchen einen klaren Referenzrahmen für eine valide Bewertung – wie wir anhand der Berghüttengeschichte schon festgestellt haben.

So mancher Zeitgenosse schert sich aber leider nicht darum, seine Erwartungen klar zu benennen oder sich zu entscheiden, was er will. Er überrascht uns lieber im Anschluss mit seltsamen Maßstäben und Ansprüchen. Zum Beispiel: »Ich hatte ein Economy-Zimmer gebucht, hätte aber schon mehr Service und eine Kaffeemaschine auf dem Zimmer erwartet. Ein kostenfreies Upgrade hätte schon drin sein müssen.«

Vielleicht kennst du auch Leute, die maximal 9,90 Euro fürs Mittagsmenü ausgeben wollen – aber natürlich am liebsten in Bioqualität mit Salat als Vorspeise und einem Getränk dazu –, in eine kleine

Taverne gehen und es dann unfair finden, wenn sie die Grissini zum Start auf dem Tisch noch mit 1,50 Euro extra berechnet bekommen.

Feedback solcher Zeitgenossen, die etwas nicht bestellen oder bezahlen und sich darüber auslassen, dass sie es nicht bekommen haben, ist aus meiner Sicht einfach eine Frechheit, um nicht zu sagen unverschämt. Dir davon etwas zu Herzen nehmen? Das kannst du dir wirklich schenken! Natürlich kannst dir die Mühe machen, den anderen aufzuklären und Feedback zum Feedback geben. Musst du aber nicht. Ist ja auch deine Lebenszeit.

Du hast kein Sprachtalent

Ich war etwa 18 Jahre alt, als mich eine Frau aus dem Nachbardorf, mit der ich ab und zu Tennis spielte, fragte, ob ich ihrer Tochter Nachhilfeunterricht geben könne. Sie erklärte: »Sie hat's nicht so mit Englisch. Ist aber okay, das haben wir ihr auch gesagt. Es liegt in der Familie, ihr Papa und ich hatten es nie so mit Sprachen. Das heißt, keiner verlangt von ihr, dass sie brillant darin wird. Aber sie tut sich wahnsinnig schwer. Sie hat in Englisch ihre Beton-Fünf. Eine Vier würde ja vollkommen reichen ...«

Englisch war damals zwar auch nicht gerade mein Lieblingsfach, aber ich stimmte zu. Wenige Tage später saß ich mit der Zwölfjährigen in der Küche. Laut Hausaufgabe sollte sie die aktuelle Lektion lesen und dazu Fragen beantworten. Daher ließ ich sie den Text erst einmal übersetzen, um zu checken, auf welchem Stand sie war und wo ihre Schwierigkeiten lagen.

Wir nahmen uns den ersten Satz vor. Sie las ihn holprig und mit vielen Fehlern in der Aussprache vor.

»Und, was bedeutet dieser Satz?«, wollte ich von ihr wissen. Sie schaute mich nur fragend an, sagte kein Wort. Dabei machte sie einen verunsicherten Eindruck auf mich.

»Welches Wort kennst du denn nicht?« Wieder schaut sie mich nur an. Ich zeigte auf das Wort »tree«. »Kennst du das?«

»Neee«, kam leise zurück.

»Ist doch nicht schlimm«, sagte ich und fragte: »Welches Wort kennst du?«

Sie schaute beschämt zu Boden und sagte kaum hörbar: »I have. Mehr weiß ich nicht.«

Ich blätterte im Schulbuch einige Lektionen zurück. »Okay, dann nehmen wir uns mal diesen Text hier vor. Zeig mir mal alle Wörter, die du kennst.« Es waren nicht viele. Erneut blätterte ich mit Schwung zurück. »Okay, und hier?« Bei dieser Lektion kannte sie schon fast alle Wörter. »Super!«, sagte ich sie. »Hier fangen wir an.«

Während wir eine Nachhilfestunde nach der anderen absolvierten, versuchte ich, ihr drei Dinge immer wieder – implizit und auch explizit – zu vermitteln: »Ich mag dich«, »Ich werte dich nicht ab, nur weil du etwas (noch) nicht kannst« und »Das ist alles erlernbar für dich«. Ich stellte nie infrage, dass sie Englisch lernen könnte. Wir taten es einfach. Wir lachten viel und ich bestärkte sie bei allen kleinen Fortschritten, die sie machte.

Schnell fasste sie Vertrauen zu mir und erzählte, dass sie sich in der Schule schon lange nicht mehr traute, Fragen zu stellen. Das war zu oft zu peinlich gewesen. Von ihrem Lehrer hatte sie sich Kommentare anhören müssen wie: »Du bist in Englisch keine große Leuchte. Du sitzt nur zur Verzierung im Unterricht.« Außerdem hatten ihre Eltern ihr erfolgreich eingeredet, dass Sprachtalent nicht in ihrer Familie lag. All diese Bewertungen und Abwertungen wurden gekrönt durch den Begriff »Beton-Fünf«. Wie sollte das arme Mädel aus dieser Negativspirale herauskommen? Das ging nur mit Hilfe von außen.

Nach kurzer Zeit kam die erste Drei im unangekündigten Test. Der Jubel war groß und ihre Eltern voll des Lobes. Nach der nächsten Zwei in der Schulaufgabe beendeten wir die Nachhilfe. Sie wusste ja jetzt, wie Lernen funktionierte.

Gut 15 Jahre später traf ich sie wieder, völlig unverhofft auf einem Dorffest an der Pommesbude. Sie lud mich sofort auf ein Bier ein und erzählte freudestrahlend: »Terry, ich muss dir was sagen. Du wirst es nicht glauben: Ich bin Fremdsprachenkorrespondentin!« Da war ich wirklich einen Moment sprachlos, aber freute mich total für sie!

Und die Moral von der Geschicht'? Glaub selbst gut gemeintem Feedback nicht!

Gut gemeint ist nicht gleich gut gemacht

»Du hast es halt nicht so mit Sprachen«, »Das liegt in der Familie«, »Das hast du nicht in den Genen«, »Daran kannst du nichts ändern«. Ich kenne viele Menschen, die sich solche Sprüche anhören müssen. Oft passiert uns das in der Kindheit oder in der schulischen Laufbahn. Was zwar gut gemeint ist, ist oft falsch und fatal für die Weiterentwicklung eines Menschen.

Hey, mal ehrlich: Das Mädel konnte fließend Hochdeutsch und dazu den sehr außergewöhnlichen Dialekt meiner Heimat. Da könnte man fast sagen: Dagegen ist Englisch ein Kinderspiel! Die Einschätzung der Eltern bezüglich des Sprachtalents ihrer Tochter – wobei an dieser Stelle »Sprachtalent« sowieso sehr zu hinterfragen ist – war zwar gut gemeint, aber einfach falsch. Sie hatten völlig falsche Vorstellungen von der Lernfähigkeit und den Einflüssen von Prädispositionen des Gehirns. Sie meinten es sicherlich gut, wollten ihrem Kind Kummer ersparen und ihm Zugehörigkeit vermitteln, doch letztlich war das kontraproduktiv.

Wenn dir jemand Feedback gibt, verbunden mit dem Satz »Der Apfel fällt nicht weit vom Stamm«, dann denk dir dabei im Stillen: »Mag sein! Aber er rollt weit weg, wenn er will.«

Feedbacks sind keine Prognosen

Wenn wir glauben, wir hätten ein bestimmtes Talent, führt das zu Selbstvertrauen und Interesse und motiviert uns zum Weiterlernen. Wenn wir glauben, wir hätten für etwas kein Talent, führt das oftmals zu Angst, Abwehr und mentalen Blockaden. Völlig unnötig!

Feedbacks – und damit auch Noten – mögen einen Ist-Zustand wiedergeben, sind aber keine Vorhersage für die Zukunft. Oft bekommen wir ein Feedback, das sich auf unser aktuelles Verhalten bezieht, sich in unserem Kopf aber in eine fixe Zuschreibung von Fähigkeiten für die Zukunft verwandelt. Wenn die Deutschlehrerin uns lapidar ein mangelhaftes Verständnis für den Minnesang von Walther von der Vogelweide bescheinigt, machen wir daraus »In Deutsch bin ich eben eine Niete«. Wir kreieren also ein grundlegendes persönliches Defizit aus etwas, das nur eine Momentaufnahme war. Solche pauschalen Aussagen können zur selbsterfüllenden Prophezeiung werden und uns mitunter ein Leben lang begleiten.

Ich habe in den letzten Jahren viele Beispiele dafür erlebt. So erzählte mir ein Werkleiter traurig, dass er leider kein Musiktalent habe und deshalb die »Quetschkommod« seines geliebten Großvaters, die er kürzlich geerbt hatte, nie würde spielen können. Nachdem wir über die Funktionsweise und das Potenzial des Gehirns gesprochen hatten, fing er aus Spaß an der Freude mit seinen über 60 Jahren an zu spielen. Er nahm dann auch Unterricht – und ein halbes Jahr später brachte er uns am letzten Seminartag auf seinem geliebten Instrument freudestrahlend ein Ständchen. Das sind für mich die schönsten Geschenke und ich war den Tränen damals nicht nur nahe!

Ergo: Wenn du etwas lernen willst, frag dich nicht (und schon gar nicht andere!), ob du Talent hast. Lerne einfach. Und nimm jegliches Feedback als reine Momentaufnahme, um dann stetig an den Knackpunkten weiterzuarbeiten.

4 Feedback ist …

Vielleicht hast du bei den Feedbackgeschichten schon mitgefiebert, mitgelacht oder mitgeweint und schon neue Blickwinkel auf das Thema Feedback erhalten. Jetzt setzen wir bei der forensischen Ermittlung am Tatort an: Was passiert eigentlich genau – und was nicht –, wenn wir Feedback bekommen? Welche Spuren können wir erkennen? Wer ist der oder die Schuldige und wer, wie, was war noch am Tatort? Das heißt, jetzt statte ich dich mit hilfreichen Techniken, Einsichten und Zusammenhängen aus, sodass du fortan deine Feedbacksituationen selbst analysieren kannst.

… manchmal blanker Unsinn

Wir können doch selbst einschätzen, ob wir einen guten Job gemacht haben oder nicht. Warum andere fragen? Wozu brauchen wir eigentlich Feedback? Können wir nicht einfach darauf verzichten? Meine Antwort lautet ganz klar: Jein.

Ich finde, es kommt nicht darauf an, *ob* wir es brauchen, sondern *wann* und *wozu*. Eine Flasche Essigreiniger und eine Klobürste sind an und für sich super und sinnvoll. Sofern du weißt, was diese Dinge leisten können, und solange du sie dafür verwendest, wofür sie gedacht sind, sind sie praktische Utensilien. Und dann willst du sie sicher nicht missen. Wenn du aber Essigreiniger zum Duschen und die Klobürste fürs Haarekämmen benutzt, wird es schwierig. Genau das passiert oftmals bei Feedbacks.

Also, wozu genau ist Feedback gut und wann benötigen wir es eher nicht?

Wann es kein explizites Feedback braucht

Angenommen, du spielst Tennis und willst deine Vorhand verbessern. Du bekommst von der Ballmaschine den nächsten Ball, läufst auf Position, bewegst deinen Körper und den Schläger, triffst den Ball und schaust dann genau hin, was mit dem Ball aufgrund deiner Interaktion mit ihm passiert. Dazu brauchst du ganz sicher kein verbales Feedback vom Trainer à la »Gut gemacht!« oder »Zu weit rechts!«, denn das Feedback des Balls ist unmittelbar und eindeutig. Du siehst, wo der Ball hinfliegt. Du siehst, ob er am gewünschten Punkt oder zu weit rechts oder links, hinten oder vorne aufkommt. Mit Videokamera ausgestattet, könntest du dir sogar noch den Drall des Balls anschauen und sehen, ob du den gewünschten Effekt erreicht hast.

Timothy Gallwey beschreibt in seinem Buch *Tennis – das innere Spiel*[4] eindrücklich, wie sehr es sich auf unseren Fokus auswirken kann, wenn wir trotz unmittelbarem Feedback anfangen, uns auf das Lob des Trainers zu fokussieren. Wir achten zu sehr darauf, ob er stolz auf uns ist, erhoffen uns ein »Gut gemacht!« oder ärgern uns, weil eine Rückmeldung ausbleibt. Dabei lassen wir unter Umständen außer Acht, was mit dem Ball passiert. Wir verlieren demnach den Fokus auf die unmittelbaren Rückmeldungen des Balls und verwehren damit unserem Körper die Chance, in seiner natürlichen Feedbackschleife besser zu werden. Wer sieht, wohin seine Bälle fliegen, kann Geschwindigkeit, Drall, Winkel und vieles mehr Stück für Stück variieren und dabei ganz automatisch selbst herausfinden, was funktioniert.

Ein anderes Beispiel: Ein Kleinkind, das gerade laufen lernt, braucht keine Kommentare wie: »Hoch, hoch, nein, höher. Und jetzt das rechte Bein. Och, jetzt bist du umgefallen, weil du das linke Knie nicht schnell genug gerade gemacht hast.« Es bekommt direktes Feedback, weil es entweder umfällt, etwas schmerzhaft ist oder es merkt, dass es vorankommt. Unbewusst verarbeitet das Baby also dauernd Bewegungsdaten. Es nimmt seine eigene Aktion und direkte Erfolge und Misserfolge wahr. Aufgrund dieser Daten elaboriert es und wird irgendwann laufen, ohne kognitiv verstanden zu haben, warum. Natürlich ist es schön, eine liebevolle, geduldige und lächelnde Mama dabei zu haben, die einen schützenden Rahmen bietet, aber sie muss nicht jede Aktion kommentieren.

Wann immer deine Aktion unmittelbares Feedback erzeugt, das du selbst interpretieren und wodurch du lernen kannst, ist verbales Feedback von anderen nicht unbedingt notwendig, manchmal kontraproduktiv oder sogar blanker Unsinn. Wenn du allerdings einen Experten befragst, warum ein bestimmtes Verhalten zu einem bestimmten Output führt, kann das aber durchaus den Lernprozess beschleunigen. Vielleicht erkennst du nicht, dass deine Armbewegung den Linksdrall des Balls erzeugt, aber deinem Trainer ist es aufgefallen. Erkennst du den Unterschied? Genau, es geht hier um spezifische Informationen wie: »Dein Handgelenk macht so eine Drehbewegung, und das führt dazu, dass ...«

Wann verbales Feedback von anderen unumgänglich und sinnvoll ist

Nicht immer ist die Wirkung unseres Verhaltens so unmittelbar sichtbar wie beim Tennis. Insbesondere wenn wir uns fragen, wie unser Verhalten bei anderen Menschen ankommt: Hat unser Service den Kunden gefallen, unser Flirt funktioniert, das Essen geschmeckt?

Aber können wir da nicht auf unser Bauchgefühl hören? Wie einige der Feedbackgeschichten gezeigt haben, liegen wir mit unserer Intuition leider oft völlig daneben. Schon unsere Interpretation, ob etwas positiv oder negativ beim Gegenüber ankommt, ist nicht immer treffsicher. Bei unseren Begründungen, warum etwas wie bei anderen ankommt, wird es dann oft abenteuerlich: Wir können nicht davon ausgehen, dass jeder so denkt wie wir. Wir können nicht davon ausgehen, dass unsere Zielgruppe über das gleiche Wissen verfügt, über die gleichen Werte, die gleiche Logik wie wir.

Wir brauchen also Feedback, wenn wir ...

1. nicht sehen, was passiert.
2. nicht sehen, warum es passiert.

Wenn die Wirkung deiner Handlung also nicht unmittelbar sichtbare Daten und Fakten erzeugt, wirst du auf mittelbares Feedback durch Menschen zurückgreifen müssen.

… persönlich

Muss ich Feedback persönlich nehmen? Ja, natürlich, Feedback hat immer eine persönliche Komponente. Und zwar die deines Gegenübers! Beispiel gefällig? Nehmen wir an, du hältst eine Produktpräsentation vor vier Kollegen. Das ist ein wesentlich komplexeres Geschehen als beim Tennis und du willst wissen, ob und wo »der Ball« beim Zuschauer landet. In der Präsentation triffst du Aussagen über die Marktsituation, bewegst dich, gibst Töne von dir. Tausende von Reizen – um im Bild zu bleiben: Bällen – fliegen gleichzeitig zu vier verschiedenen Zuschauern. Sie folgen dir aufmerksam, verfolgen dabei aber womöglich unterschiedliche Interessen, haben individuelle Wissensstände, sind unterschiedlich gelaunt, unterschiedlich fit, können dich unterschiedlich gut leiden.

- Einer der vier ist Ingenieur und gerade verliebt. Außerdem ist er dein bester Kumpel.
- Der Kollege aus dem Beschaffungswesen wurde eben am Telefon blöd angemacht, ist wütend und bereitet innerlich seine Kündigung vor.
- Deine Chefin ist hauptsächlich daran interessiert zu erfahren, was das alles wieder kostet. Sie überlegt noch während deines Vortrags, wie sie dieses Budget verhandeln soll.
- Deine ältere Kollegin hat einen Teil deiner Präsentation mit erarbeitet und würde sich freuen, wenn jetzt nicht noch mehr Überstunden anstünden.

Das ist die Situation unter der Oberfläche, du kannst sie also nicht klar erkennen und einschätzen, sondern nur erahnen. Dennoch werden all diese Faktoren mitentscheiden, wo und wie deine Bälle landen und was die Kollegen antworten, wenn du sagst: »Jetzt hätte ich gerne euer Feedback!«

Hinter deiner Frage stecken bei genauerer Betrachtung unzählige Aspekte: »Wo sind meine Bälle bei dir gelandet? Was habe ich bei dir bewirkt? Was denkst du, was du mir aber nicht offen zeigst? Was fühlst du wirklich? Wozu habe ich dich motiviert? Welches neue Wissen ist bei dir entstanden? Was war für dich interessant, was langweilig? Hast du überhaupt verstanden, was ich gesagt habe?« Das ist nur ein kleiner Ausschnitt der Unmenge an Fragen, die in der generellen Aufforderung nach Feedback stecken können.

Wenn du diese Fragen nicht explizit stellst, wirst du auch nur das als Antwort erhalten, was dein Gegenüber relevant findet:

- Der Ingenieur fand es insgesamt großartig und will, dass du die Projektbeteiligten in der Vorstandspräsentation explizit benennst.
- Deine Chefin sagt: »Das kriege ich nie durch. Zu teuer!«
- Deine Kollegin findet, du könntest beim Präsentieren doch die Hände aus den Hosentaschen nehmen.
- Der Kollege aus der Beschaffung findet die Farbe des vorgestellten Geräts prima. Er merkt aber schlecht gelaunt an, dass das Bedienfeld noch mehr Funktionen haben müsste – mit hochgezogenen Augenbrauen und den süffisanten Worten: »Darüber hast du dir wohl noch gar keine Gedanken zu gemacht.«

Sei dir also immer im Klaren: Der Mensch, der deinen »Ball« auffängt, wird ihn nie neutral behandeln, sondern dabei immer durch seine eigene Brille betrachten.

Anhand der Antwort erfährst du bereits einiges über die Werte, das Denken, Fühlen und damit über die Persönlichkeit des Feedbackgebers. Wobei hier vieles auch deiner Interpretation unterliegt und damit bis zu einem gewissen Grad Spekulation ist. Ganz klar.

Ich möchte das, was beim Feedbackgeben passiert, noch einmal anders beschreiben: Du sendest während deiner Präsentation Millionen von Reizen aus. Diese gelangen über die Sinne zu deinen Zuschauern. Dein Gegenüber lässt daraufhin – bewusst und unbewusst – seine Wahrnehmungen durch seine persönlichen biophysikalischen, wissensbasierten, erfahrungsgeprägten, interessengeleiteten, werteorientierten, stimmungsabfärbenden Filter laufen, interpretiert und bewertet sie. Dieses sehr persönliche Konstrukt wird er nun im Rahmen seiner persönlichen Motivation, Energie, Agenda, Wahrnehmung und Zielsetzung verbalisieren und in Form von Sprache und nonverbalen Signalen an dich zurückschicken. Sein Feedback, das bei dir ankommt, wird nach denselben Grundprinzipien der menschlichen Wahrnehmung bei dir ankommen und von deinem Gehirn mit deinen persönlichen Filtereinstellungen verarbeitet und interpretiert. Wir sehen also, dass in einem Feedbackprozess viel Individuelles und Subjektives passiert.

Es gibt ein sehr treffendes Bonmot, das dem niederländischen Philosophen Baruch de Spinoza, zugeschrieben wird: »Was Paul über Peter sagt, sagt mehr über Paul aus als über Peter.«[5] Feedback sagt also oft mehr über den Feedbackgeber als über den Feedbacknehmer aus. Auf unser Fallbeispiel bezogen:

- Du kannst zumindest vermuten, dass dem Ingenieur die Wertschätzung der Projektbeteiligten am Herzen liegt.
- Du kannst sehen, wie wichtig und nervenaufreibend Budgetverhandlungen für deine Chefin sind.
- Du schlussfolgerst, dass körpersprachliche Aspekte für deine Kollegin eine hohe Relevanz haben.
- Du mutmaßt, dass der Kollege aus der Beschaffungsabteilung dich offenbar nicht auf Augenhöhe sieht.

Eigentlich willst du doch nur wissen, ob deine Produktpräsentation gut war. Jetzt kannst du dich natürlich zu Recht fragen: »Warum sollte ich etwas über meine Feedbackgeber erfahren wollen? Über ihre Denkweise, ihren Fokus, ihre Stimmung?« Eine gute Frage! Und diese kannst du wirklich bei jedem Feedback frei und neu für dich beantworten.

Womöglich interessiert dich das Feedback einer bestimmten Person wirklich nicht weiter. Dann nutze das Zwei-Ohren-Prinzip: ein

Ohr rein, ein Ohr raus. Einfach freundlich nickend aushalten, wenn andere etwas zu dir oder deinem Verhalten sagen, die Sätze innerlich durchwinken und gar nicht weiter beachten. Natürlich auch nicht kränken lassen!

Vielleicht ist es aber interessant für dich zu erfahren, was andere Menschen denken. Möglicherweise willst du ein Produkt verkaufen und versuchst herauszufinden, welche Farbe die Leute präferieren, welcher Preis angemessen wäre oder welche Kriterien die Kunden insgesamt anlegen. Hierfür holst du am besten viele Meinungen ein, natürlich auch gerne von Fachleuten. So lernst du eine Menge über eine Sache, einen Markt, ein Thema, aber eben auch über die Persönlichkeit und Einstellungen der Feedbackgeber. Daraus kannst du relevante Schlüsse ziehen, die dich weiterbringen.

… menschlich

Wenn Feedback ohnehin oft subjektiver Kram der Feedbackgeber ist – können wir es dann nicht einfach unterbinden? Was wäre, wenn wir sagten: »Behaltet eure Meinung doch einfach für euch!« Wird schwierig, würde ich sagen, denn Feedback ist etwas ganz Natürliches. Menschen beschäftigen sich mit dem, was sie und andere tun. Das lässt sich gar nicht verhindern.

Wenn wir zum Beispiel im Café sitzen, beobachten wir unwillkürlich unsere Umgebung und die anderen Menschen dort und uns kommen Gedanken wie: »Schicker Blazer!«, »Der guckt aber grimmig.«, oder »Die hätte schon mehr Trinkgeld geben müssen!« Natürlich können wir auf unsere mentalen Automatismen einwirken und unsere Gedanken bis zu einem gewissen Grad steuern. Wir können uns bemühen, nicht so sehr als Bewertungsmaschine unterwegs zu sein, sondern achtsam, unvoreingenommen und wertschätzend mit unseren Mitmenschen zu interagieren. Doch machen wir uns nichts vor: Wir lösen ganz automatisch durch unser Verhalten – bewusst oder unbewusst – etwas in anderen Menschen aus und erhalten darauf deren Reaktion. Manche verbalisieren ihr Feedback uns gegenüber, andere zeigen uns ausschließlich durch ihre Körpersprache, wie sie unseren Reiz verarbeitet und interpretiert haben. Das alles findet pausenlos statt und wir können es nicht verhindern.

Also, finde dich besser damit ab! Verabschiede dich von der Idee, jegliches Feedback aus deinem Leben verbannen zu wollen. Lass zu, dass es ungefragt oder gefragt kommt, und lerne, damit ganz lässig umzugehen! Du musst Feedback – gleich welcher Art und von wem – nicht annehmen und du musst es dir schon gar nicht zu Herzen nehmen. Es reicht, wenn dir klar wird: »Das denkt er oder sie. Aha!«

… oft Fehlersuche

»Seit vier Wochen bearbeite ich unter Hochdruck dieses Projekt für den Chef. Der kam mal wieder viel zu spät damit um die Ecke und ich darf es jetzt ausbaden. ›Superwichtig für unseren Großkunden‹, hat er gesagt. Drei Interviews musste ich noch irgendwie dazwischenschieben und schließlich habe ich die letzten beiden Wochenenden durchgearbeitet, um diese riesige Präsentation zu basteln. Und weißt du, was mir der Chef als Feedback gegeben hat, als ich ihm die Präsentation geschickt habe?! Ohne Witz: Kein Dank, kein freundliches Wort, nicht mal ein Hallo. Nur: »Auf Folie 43 müsstest du die Schriftart noch angleichen und auf Folie 17 gefällt mir das Bild nicht. Das wirkt esoterisch.« Sag mal, geht's noch? Sieht der nicht, wie sehr ich mir hier den Arsch aufgerissen habe? Boah, bin ich sauer!«

In seiner E-Mail hatte der verärgerte Mitarbeiter dem Chef aber nur geschrieben: »Im Anhang findest du die Präsentation. Ich freue mich auf dein Feedback!«

So bitter das sein mag: Der Chef hat in dem Fall den Auftrag ausgeführt, den er verstanden hat; er hat Fehler gesucht und Verbesserungsoptionen benannt, die sich auf die Präsentation beziehen. Aus

Zeitgründen hat er sich kurzgefasst und sich auf das konzentriert, was beim Kunden nicht negativ auffallen sollte. Identifiziert hat er den Zeilenabstand und eine Abbildung. Eine intensive Analyse und eine Rundum-Betrachtung machen viel Arbeit – und danach wurde ja nicht explizit gefragt.

Vielleicht hat der Chef immense Wertschätzung für den Mitarbeiter. Vielleicht ist er enorm dankbar für dessen Einsatzbereitschaft. Und vielleicht geht er davon aus, dass das seiner Belegschaft ohnehin klar ist.

Wenn du Lob, Dank oder Wertschätzung erwartest oder dir erhoffst, dass Menschen dir sagen, was ihnen gefällt, solltest du nicht nur allgemein nach »Feedback« fragen, sondern präziser werden. Sonst begeben sich viele nur auf Fehlersuche.

... nicht Liebe

»Feedback sollst du dir zu Herzen nehmen!« Die meisten Leute, die dies sagen, meinen wohl damit: Hör genau hin, was andere dir sagen, und lerne daraus. Es ist wichtig für deinen Wachstumsprozess. Nutze das neu gewonnene Wissen, um besser zu werden.

Ich muss sagen: Ich finde die Formulierung »zu Herzen nehmen« sehr unglücklich. Dass Feedback oft hilfreich ist, unterschreibe ich gerne und darum geht es hier ja auch. Die englische Entsprechung »Learning by heart« kann ich noch unterschreiben und halte sie für sinnvoll. Für mich heißt das, sich in Lernprozesse ganz und nicht oberflächlich hineinzubegeben.

Die Aufforderung, sich Feedback zu Herzen zu nehmen, verleiht Feedbacks eine emotionale Bedeutung, die meist unangebracht ist und einen besonders faden Beigeschmack bekommt, wenn wir fiese Kritik erhalten. Feedbacks sind kein Liebesersatz und eine Beziehungsbotschaft, durch die sich jemand auf- oder abgewertet, geliebt oder verletzt, liebkost oder gekränkt fühlen sollte. Positives Feedback heißt nicht automatisch »Der mag mich« und »Ich bin okay«, negatives Feedback heißt entsprechend nicht »Der mag mich nicht« und »Ich bin nicht wertvoll« – auch wenn unser Gefühl etwas anderes sagt.

Ist die Suche nach Liebe und Zuneigung in Feedbacks nicht auch Ausdruck eines Mangels? Ich finde, man kann heute den Mangel an echter Wertschätzung und den Hunger nach sozialer Eingebundenheit in großen Teilen der Gesellschaft spüren: In Unternehmen bleibt bei aller Effizienz kaum noch Zeit für echte Begegnungen und ein Miteinander. Die Digitalisierung und das mobile Arbeiten haben den Arbeitsalltag für viele schon jetzt kontaktärmer gemacht. Tiefe Beziehungen können aufgrund dezentral arbeitender Teams und schneller Jobwechsel immer schwieriger geknüpft und gepflegt werden. Schon vor der Pandemie verschlankten einige Organisationen ihre Büroflächen, machten sie zu flexiblen Arbeitsorten ohne Stammplatzgarantie und boten ihren Mitarbeitern mobiles Arbeiten an. Während der

Pandemie wurde so mancher Ort des Zusammenseins im wahrsten Sinne tatsächlich »abgeschafft«. Onlinekonferenzen haben sich meist als effektives Arbeitsmittel erwiesen, ersetzen aber nicht das, was früher an Qualitätszeit für zwischenmenschliche Beziehungen automatisch da war. Zwar gibt es auch in der Businesswelt mittlerweile Vorreiter, die ihre Unternehmenskultur drehen und wo Lebensqualität und das Miteinander wieder einen hohen Stellenwert bekommen, aber sie sind leider noch die Ausnahme.

Im privaten Bereich setzt sich der Mangel an Eingebundenheit für viele fort: Die engen Familienbande über viele Generationen hinweg, die viele Jahrzehnte Tradition hatten, haben heutzutage ausgedient. Ein Großteil der Paare und Singles wohnen fern von ihren Ursprungsfamilien und besuchen diese vielleicht noch zu Weihnachten und Ostern. Zwar scheint es ein neues Interesse an gemeinschaftlichem Wohnen, interessanten WG-Konzepten und generationenübergreifendem Leben zu geben, aber auch das sind eher noch Randerscheinungen und vereinzelte Experimente, als dass dies flächendeckend vorzufinden wäre.

Social Media und die verdichtete Arbeitswelt haben das Vereinsleben und den engen Freundeskreis vielerorts schon vor der Pandemie dezimiert, jetzt liegt vieles davon völlig brach. Wir haben vielleicht ein paar Hundert Follower, die sich auf Instagram unsere Schnappschüsse anschauen und liken, aber immer weniger Kumpel, die uns bei Liebeskummer in den Arm nehmen.

Die neue Welle der Einsamkeit und Beziehungsarmut ist meiner Meinung nach an vielen Stellen in unserer Gesellschaft angekommen. Das »sichere Netz« und der soziale Rückhalt fehlen vielen.

Warum erzähle ich das, wo es doch hier um Feedback geht? Weil ich mir sicher bin: Menschen, die kaum Halt haben, Bestätigung, Liebe, Zugehörigkeit oder das Gefühl, eingebunden zu sein, erleben, suchen in positivem Feedback eine Art Ersatzbefriedigung. Sie hungern nach der Anerkennung vom Chef, von Kunden, von Kollegen und vom Nachbarn, und wollen damit ihr Bedürfnis nach Zugehörigkeit stillen. Sie wollen gut sein und gebraucht werden, um sich zugehörig und geliebt zu fühlen. Andererseits reißt es ihnen leicht den Boden unter den Füßen weg, wenn sie einmal Kritik ausgesetzt sind.

Darf ich mal etwas ketzerisch sein? Ich weiß, du wünschst dir Anerkennung und Liebe. Wie jeder Mensch. Aber mal ehrlich: Findest du, dass dein Chef, deine Kunden oder auch deine Nachbarn *wirklich* die Aufgabe haben, dir über ihr Feedback auch noch Liebe zu vermitteln? Traust du ihnen diesen Job überhaupt zu? Kann das gutgehen? Und willst du dir das im Gegenzug bei allen Menschen aufbürden, denen du Feedback gibst?

Ich denke, wir können uns darauf einigen, dass solche Ansprüche die anderen weit überfordern, und im Grunde wären sie doch ohnehin die falschen Absender. Sie müssten bei dir Löcher stopfen, für die sie nicht verantwortlich sind, und einen Job übernehmen, der nicht ihrer ist. Und umgekehrt genauso.

Meiner Ansicht nach ist positives Feedback oder Lob kein guter Ersatz für Liebe. Und Kritik ist auch nicht gleichbedeutend mit Hass oder – etwas weniger dramatisch – ein Zeichen der Geringschätzung. Wir sollten Feedback weder in die eine noch in die andere Richtung aufladen.

Zusammenfassend lässt sich sagen:

- In der Regel können wir aus dem Feedback nicht lesen, was andere für uns empfinden.
- Feedbackgeber haben nicht die Aufgabe, unsere emotionalen Löcher zu stopfen oder partielle Minderwertigkeitsgefühle zu bearbeiten. Das ist nicht ihr Job!
- Wenn wir Feedback weniger emotional aufnehmen, können wir bei so manchen Informationen viel genauer hinhören und schneller lernen. Wir verstehen, wie wir uns verbessern können, verpassen nicht den Moment nachzufragen oder erfahren etwas Interessantes über die Welt des Feedbackgebers.

Fazit: Sollst du dir Feedbacks zu Herzen nehmen? Nein![*] Mit mehr Hirn hinhören? Unbedingt!

… mangelhafte Statistik

Unsere Talentausbildung startet mit einer wunderbaren Übung, in der jeder Teilnehmer von der Gruppe direktes Feedback zu deren ersten Eindrücken erhält. Dazu stellt sich der Teilnehmer vor die Gruppe ans Flipchart und schreibt schweigend mit, während alle anderen im Raum Mutmaßungen anstellen dürfen, was diese Person ausmacht: Herkunftsort, Beruf, Hobbys, Familienstand, Lieblingsurlaubsorte, persönliche Eigenschaften und vieles mehr. Jeder darf seine Meinung und Einschätzung laut äußern, man muss sich nicht einigen oder rechtfertigen. Es fallen Aussagen wie: »Ganz klar: verheiratet, zwei Kinder, Junge und Mädchen«, »Alleinlebender Single«, »Ich tippe auf Niederbayern«, »Du bist für mich die typische Controllerin«, »Ich glaube, du zockst in deiner Freizeit«, »Du hast eine alte Eisenbahn im Keller«, »Du bist eher introvertiert« und vieles mehr. Das bedeutet, jeder darf und soll aussprechen, was er ansonsten vielleicht im Stillen über die unbekannte Person denkt. Das ist für alle sehr spannend, denn die Chance, solche Dinge von anderen zu hören, haben wir im Alltag fast nie.

---

* Natürlich gibt es Feedbacks, die sich direkt (oder durch die Blume) auf Liebe beziehen: »Ich mag dich«, »Ich liebe dich« oder eben »Ich liebe dich nicht«. Solche Feedbacks sind natürlich Herzensangelegenheiten, das stelle ich gar nicht in Abrede. Ich hoffe und bin zuversichtlich, dass du bei negativen Rückmeldungen und im Fall von Liebeskummer darüber hinwegkommen wirst. Dein Selbstwert sollte nicht darunter leiden. Für den Fall, dass dich andere mit einer negativen Beziehungsbotschaft triggern oder verletzen, empfehle ich dir Kapitel 7.

Intuitive Einschätzung

Zu diesem Zeitpunkt haben die Teilnehmer in der Regel nur beim Hereinkommen untereinander ein paar Worte gewechselt, es gab noch keine offizielle Vorstellungsrunde. Sie kennen voneinander also nur den Namen und das Erscheinungsbild. Mehr »wissen« sie über ihr Gegenüber nicht, und doch tritt in vielen Fällen ein interessantes Phänomen auf: Die Vermutungen ähneln sich und oft liegen sie sogar richtig. Wie hat der Kommunikationswissenschaftler Paul Watzlawick so schön gesagt: »Wir können nicht nicht kommunizieren.«[6] Durch Stimme, Gestik, Mimik, Kleidungsstil und Ähnliches geben wir schon einiges von uns preis.

Die Einschätzungen der Gruppe sind dabei also nicht aus der Luft gegriffen, sondern beruhen auf Erfahrungswerten zu all dem, was wir preisgeben. Unbewusst oder bewusst stellt jeder in der Gruppe Vergleiche zu anderen bereits bekannten Personen her und prüft, ob es Übereinstimmungen gibt. Unsere Erfahrungswerte und die Auswertung zahlreicher Begebenheiten nennen wir gemeinhin »Bauchgefühl«. Dabei ist es weniger ein Gefühl als eine innere Statistik, gepaart mit individueller Wahrscheinlichkeitsrechnung.

Der erste Eindruck ist in unseren Seminaren in vielen Fällen sehr zutreffend, die Teilnehmer fühlen sich »gesehen« oder auch ertappt und sind fast schon geschockt, wie viel sie in Sekundenbruchteilen von sich preisgeben. Aber: Das muss nicht so sein. Manchmal liegen wir mit unserem ersten Eindruck auch voll daneben.

Vorschnelle Urteile

Die Übertragung unserer Erfahrungen auf andere Menschen ist uns oft nicht bewusst. So manches Feedback – sei es eine Wert- oder eine Geringschätzung – bekommen wir, weil wir Menschen an jemanden erinnern, für den das Feedback eher bestimmt wäre.

Ein Teilnehmer sagte zum Beispiel in der ersten Pause zu einer Teilnehmerin: »Bis zur Vorstellungsrunde bin ich dir total aus dem

Weg gegangen. Du warst mir irgendwie unsympathisch. Jetzt weiß ich auch warum: Du erinnerst mich voll an meine Cousine. Lange braune Haare, Zopf, ähnliche Brille. Du trägst sogar ähnliche Schuhe wie sie! Weißt du, meine Cousine ist Veganerin. Das ist ja an sich okay, aber ich kann sie einfach nicht mehr ausstehen, weil sie auf all unseren Familienfesten allen die Steaks madig macht. Ich ärgere mich immer und denke: Leben und leben lassen! Jetzt hast du in der Vorstellungsrunde erzählt, dass du in der Entwicklungsabteilung für unsere Fleischwölfe arbeitest und zu Hause hobbymäßig Bratwurst herstellst. Das ist so cool! Mein Bild von dir hat sich komplett gedreht. Und ich habe gerade echt etwas über Vorurteile gelernt!«

Jeder ist einzigartig und sicherlich kein Mittelwert. Trotzdem haben Menschen Vorurteile. Ihre Einschätzung kann zutreffend oder falsch sein. Sie sind – wie wohl die allermeisten – schlechte Statistiker und noch schlechter in Wahrscheinlichkeitsrechnung. Manchmal hast du also Glück und ihr »falsches« Urteil im Feedback gereicht dir zum Vorteil. Manchmal hast du Pech. Willst du dich bei ihren Vorurteilen aufgrund mangelhafter Statistikkenntnisse und Wahrscheinlichkeitsrechnung noch persönlich gekränkt fühlen?

... rollenabhängig

Ich saß vor dem Seminarstart gegen 8:00 Uhr mit ein paar Teilnehmern im Hotel am Frühstückstisch. Wir hatten uns zufällig an der Brötchentheke getroffen und plauderten uns nun mit herzlichem Smalltalk in den Tag, als eine drahtige kleine Frau mit suchendem Blick den Raum betrat. Wir vermuteten, dass sie zu uns gehörte, und gestikulierten in ihre Richtung, dass sie sich zu uns setzen solle. Sie schien erfreut, kam zu uns an den Tisch und setzte sich mir gegenüber, während sich meine Tischnachbarn der Reihe nach mit Namen und Unternehmensfunktion vorstellten. Die Frau stellte sich als Jana vor, schenkte sich Kaffee ein und schaute kurz zu mir: »Und was machst du?«

Ich sagte: »Ich gehöre nicht zu eurem Unternehmen. Ich bin die Trainerin.«

In dem Moment glitt Jana die zum Glück noch fast leere Kaffeetasse aus der Hand und sie sah mich entsetzt und mit ernster Miene an: »Oh Gott, und jetzt sitz' ich ausgerechnet dir gegenüber. Muss das sein? Trainer konnte ich noch nie leiden!« Solch eine erfrischende Ehrlichkeit und Klarheit hatte ich bis dato noch nicht erlebt. Ihre Worte waren so direkt, dass sie etwas Komisches hatten, und ich musste wirklich lachen.

Dieses Beispiel zeigt so schön, dass wir als Feedbacknehmer auch manchmal »Rolleninhaber« sind und damit als Stellvertreter für unsere gesamte Zunft fungieren – zum Beispiel sind wir Finanzbeamter, Pfarrerin, Politiker, Astronautin, Städter, Chefin, Veganer oder Tante. Du merkst beim Lesen vielleicht selbst, wie unterschiedlich du diesen Personengruppen gegenüberstehst. Im Umkehrschluss bedeutet das, dass deine Mitmenschen auch dich rollenbezogen einschätzen. Egal ob du Manfred Müller oder Marta Maier bist – als Politikerin oder Steuerprüfer wird man anders mit dir umgehen, als wenn du Blumenverkäufer oder Pastorin bist. Das ist sozusagen dein Berufsrisiko. Du bekommst etwas ab (positiv wie negativ), was für deine Zunft bestimmt ist.

Mach dir bewusst: Wenn du Feedback erhältst, geht es oft nicht um dich persönlich, sondern um die Rolle, die du gerade einnimmst. Stell dir also bei einem Feedback immer die Frage, ob du persönlich gemeint bist oder allgemein deine Berufsgruppe. Und ob du das Feedback wirklich persönlich nehmen willst oder es einfach lässt.

Jana aus dem Frühstücksraum und ich wurden übrigens ein richtig tolles Team. Ich freute mich sehr, dass sie ihre Vorurteile schnell fallen lassen konnte. Ob sie deswegen auch anderen Trainern positiver gestimmt begegnet, weiß ich aber nicht.

… ein Spiegel

Was nun folgt, ist für Therapeuten zwar Alltagsgeschehen, aber deswegen noch lange nicht leicht und erst recht kein Geschenk. Sie haben gelernt, dieses Phänomen zu lesen, ihr eigenes Verhalten und das des Patienten regelmäßig daraufhin zu reflektieren, und lassen sich regelmäßig supervidieren, um diese potenzielle Baustelle aufzuspüren.

Ich bin ziemlich sicher, du kennst diese und ähnliche Situationen:

- Der größte Chaot steht vor dir und verlangt von dir, du solltest mal besser deinen Schreibtisch aufräumen.
- Jemand trägt Unmengen unterdrückter Wut in sich und sagt zu dir, du solltest doch mal deine schlechten Gefühle rauslassen.
- Ein Workaholic gibt dir das Feedback, du müsstest doch mal mehr Pause machen.

All das sind Beispiele für sogenannte Projektionen, in denen der Feedbackgeber seine eigenen Wünsche, Träume oder Emotionen abwehrt oder unterdrückt – möglicherweise aus Scham, Angst oder anderen Gründen – und diese dem Feedbacknehmer als angeblich »seine« Baustellen unterschiebt.[7] Aufgrund eines sich selbst auferlegten Verbots, sich das selbst einzugestehen, werden diese Wünsche oder Ängste »in anderen« bearbeitet, verfolgt oder zu heilen versucht.

Feedbacks sind in Wahrheit demnach manchmal nur Spiegelbilder der Feedbackgeber und haben wenig bis gar nichts mit dir als Feedbacknehmer zu tun.

Das zeigt einmal mehr, dass wir über die Welt, die Gedanken oder Träume unseres Gegenübers bei Feedback oft viel erfahren. Ja, sie ziehen uns sogar in ihre Probleme und Träume hinein und schieben uns unter, was eigentlich ihnen gehört. Das ist menschlich und kann jedem passieren. Darum zu wissen, kann dir helfen, Feedback, Lob und Kritik nicht allzu persönlich zu nehmen.

Demnach bedeutet das Phänomen der Projektion, dass du besonders bei Feedbacks, die dir merkwürdig und unstimmig vorkommen, ganz genau hinschauen solltest, was dir da als Feedback »verkauft« wird. Vielleicht hat es gar nichts mit dir zu tun, sondern mehr mit dem Feedbackgeber? Ein bisschen (Selbst-)Reflexion kann ja aber vielleicht trotzdem nicht schaden.

5 Feedbackgeber: Typen, Macken und Strategien

Ich möchte dir nun ein paar typische Muster und Routinen zeigen, die sich bei Feedbackgebern großer Beliebtheit erfreuen. Du kennst es sicher aus eigener Erfahrung: Johanna würde ihr Feedback so formulieren, Max ganz anders. Jeder Mensch hat seine eigene Strategie, mit der er uns etwas an den Kopf wirft oder auch liebevoll überreicht.

Welche Feedback-Verpackungskünstler triffst du so? Welche Art von Geschenken verteilen sie gerne und wie sieht ihre Lieblingsverpackung aus?

Die schlimmste Macke des Kritikers

Es gibt Feedbacks, die man wirklich als Fehler bezeichnen muss und die es zu vermeiden gilt. Dabei merken die allermeisten Feedbackgeber nicht einmal, dass sie uns mit ihrem Feedback einen Dolch zwischen die Rippen rammen. Es geschieht nämlich meist unbewusst, daher will ich diese »Untat« niemandem zum Vorwurf machen, der dies nicht vorsätzlich tut. Aber ich möchte dich als Feedbacknehmer wappnen für einen versehentlichen Dolchstoß am Tatort Feedback, der aus meiner Sicht unnötig ist.

Viele Feedbackgeber, auch jene, die es im Grunde nur gut mit uns meinen, sagen Dinge wie »Du bist kein guter Koch« oder »Das Essen schmeckt nicht« statt »Ich mag es weniger gewürzt«; »Du bist ein Chaot!« statt »Es ärgert mich, wenn ich auf dich warten muss«; »Was hast du für einen furchtbaren Musikgeschmack« statt »Ich mag lieber Rock als Klassik«. Sie verkaufen ihre persönliche Meinung als eine Tatsache, indem sie sagen: »Du bist ...« oder »Es ist ...«.

In ihren Augen – also in »ihrer Welt« – mag das so sein, aber in vielen Fällen äußern sie ihren subjektiven Blickwinkel und ihre individuelle Bewertung. Wie heißt es so schön: Über Geschmack lässt sich nicht streiten, eben weil Empfindungen kein Richtig und Falsch kennen.

Welchen großen Unterschied es macht, wenn man Feedbacks achtsam kommuniziert, habe ich vor vielen Jahren von Marshall Rosenberg in seinem Klassiker *Gewaltfreie Kommunikation*[8] gelernt. Denn es geht auch ohne Dolchstoß mit den sogenannten Ich-Botschaften, anstatt feste Zuschreibungen zu machen. Wenn man das übt, ist das ganz leicht. Aber die meisten wissen oder üben es nicht.

Mit Formulierungen wie »Du bist ...« oder »Es ist ...« stellen diese Feedbackgeber etwas als Faktum in den Raum. Als Feedbacknehmer spüren wir zwar instinktiv, dass vieles davon Einschätzungen und Geschmacksfragen sind und so absolut nicht stimmen. Der Feedbackgeber lässt damit frecherweise unsere Vorstellungen wertlos erscheinen. Wenn dein Gegenüber beispielsweise sagt: »Du bist kein guter Koch«, es dir selbst aber schmeckt, wird deine eigene Bewertung abgewertet. Das wirft Fragen auf: Stellt sich der andere damit über uns? Was nimmt derjenige sich eigentlich heraus? Denkt er, er hätte einen höheren Status oder wir keine Ahnung?

Wenn Meinungen vom Feedbackgeber als Tatsachen formuliert werden, kann uns das umso mehr fuchsen, wenn wir selbst den weit verbreiteten Feedbackregeln folgen und uns dazu zwingen, das Feedback stillschweigend, ja sogar dankbar und lernend, aufnehmen zu müssen. Das sorgt schnell für ein Gefühl von Ohnmacht. Innere Abwehr, Frust oder Wut auf den Feedbackgeber sind so vorprogrammiert.

Tja, laut meiner Beobachtungen und inneren Statistik (du weißt sicherlich um deren Fehlbarkeit) formulieren 99 Prozent aller Feedbackgeber ihre Meinungen als Tatsachen. Vielleicht auch du – zumindest bisher – ganz unbewusst? Wie oft hast du Kritik gut gemeint und wohlwollend formulieren wollen und dann gesagt: »Du bist …«? Diese unbewusste Inkompetenz ist leider weit verbreitet.

Ich versuche seit über 10 Jahren in meinen Talent- und Führungskräfteausbildungen, auf der Bühne und im Podcast so vielen Menschen wie möglich dieses Thema nahezubringen. Denn es lässt sich durchaus trainieren, tolles Feedback mit Ich-Botschaften zu geben – und das darf auch kritisch sein. Die Resonanz der Lernenden ist wunderbar. Vielen gelingt es schon nach kürzester Zeit, achtsam Feedback zu geben, und plötzlich wachsen die Menschen um sie herum und die Beziehungen – privat wie beruflich – werden besser. Vielleicht gewinne ich auch dich dafür, ab jetzt deine Meinung klar als solche zu kennzeichnen und andere Menschen dafür zu gewinnen.

Was machen wir aber mit denjenigen Feedbackgebern, die weiterhin unbewusst mit »Du bist …« und »Es ist …« um sich werfen? Sollen wir ihnen das übelnehmen? Meiner Meinung nach ergibt das wenig Sinn. Ich erkläre dir gerne, warum ich das so sehe. Erstens habe ich mir geschworen, Menschen nichts übelzunehmen, was sie unbewusst tun. Es scheint mir unsinnig, sie dafür bestrafen zu wollen. Ich muss ihr Verhalten deswegen ja nicht gut finden, aber unbewusste Inkompetenz ändert erst mal nichts an meiner Wertschätzung für diese Menschen. Zweitens frage ich mich: Wen sollte ich denn dann überhaupt noch mögen? So verhalten sich eben fast 99 Prozent aller Menschen. Das macht dann doch einsam. Und drittens: Dass man eine Meinung als solche kennzeichnen sollte, ist meine Meinung. Das dürfen andere gerne anders sehen.

Ich empfehle dir, gegen die unbewussten Dolchstöße deiner Mitmenschen ein mentales Kettenhemd zu tragen. Wie schon in Kapitel 4 erklärt, kannst du Feedback gedanklich immer ergänzen: »In deiner Welt« oder »für deinen Geschmack« ist das so.

Feedback von Mr. und Mrs. Wichtig

Es gibt sie wirklich, diese Wichtigtuer. Sie stehen vor Überheblichkeit strotzend neben deinem Auto, inspizieren mit hochgezogenen Augenbrauen, wissender Miene, verschränkten Armen und einem lässigen Tritt gegen den Vorderreifen deinen Wagen und rufen hämisch: »Was fährst du denn da? Na, die Rostlaube müsste aber auch mal wieder gewaschen werden! Hat der überhaupt noch TÜV?« Du findest Wichtigtuer aber auch unter Kollegen. Da gibt es vielleicht den einen, der immer herumschreit, alle anderen könnten gar nichts, seien total bescheuert, nicht auf dem neuesten Stand, schlecht ausgebildet, faul, keiner außer ihm kümmere sich um den Kunden und eigentlich verstehe außer ihm sowieso niemand, worum es wirklich geht. Klar: Wichtigtuerinnen gibt es natürlich auch! Er und sie machen sich wichtig, weil sie das Gefühl haben, sie seien es nicht. Tatsächlich ist das Problem vieler solcher Menschen – und vielleicht zählen wir alle mal mehr, mal weniger dazu – ihr mangelndes Selbstwertgefühl. Fachleute nutzen gerne den Begriff von Virginia Satir, in dem sie sagen: »Der Selbstwert-Pott dieser Menschen ist leer«.[*]

Wir stehen vor fundamentalen Herausforderungen. Ich weiß noch gar nicht, an wen ich das delegiere …

Für Menschen ist es nun mal wichtig, sich wertvoll und geschätzt zu fühlen. Daher ist es fast logisch, dass wir, um unsere Minderwertigkeitskomplexe zu bekämpfen, ab und an versuchen, unseren geringeren Selbstwert durch Übertrumpfen des Gegenübers zu stärken. Wir spielen dann gerne das Spiel »Aufwertung durch Abwertung«. Das heißt, wir werten andere ab, machen sie schlecht, verunsichern sie, um dann in Relation dazu besser dazustehen und uns somit aufzuwerten.

Feedback zu geben eignet sich ganz hervorragend, um sich machtvoll zu fühlen. Kritik an anderen zu üben, gerne auch schriftlich oder gar öffentlich über Social Media, gibt einem das Gefühl: »Ich bin wichtig, meine Meinung zählt, ich werde gehört, ich bin in der Position, andere zu bewerten.« Angenommen, du kritisierst die Stra-

* Virginia Satir und der Selbstwert-Pott ist legendär unter den Therapeuten. Siehe Virginia Satir (26.6.1916 – 10.9.1988) – systemagazin

tegien von Lionel Messi, Angela Merkel oder den CEO eines Weltkonzerns. Wie fühlt sich das an? Wirst du innerlich etwas größer? Dieser Mechanismus funktioniert nicht nur bei Kritik. Auch Lob kann uns aufwerten und andere in eine niedrigere Position bringen. Stell dir vor, du klopfst Lionel Messi, Angela Merkel oder dem CEO auf die Schulter und sagst: »Gut gemacht!« Wie fühlt sich das für dich an?

Ich glaube, den wenigsten ist bewusst, dass sie andere durch ihr Feedback abwerten. Sie fühlen sich minderwertig oder zumindest nicht so wertvoll wie andere und versuchen, in ihre Stärke zu kommen. Vielleicht ist dein Kollege der Einzige im Team, der nicht studiert hat und sich dadurch irgendwie minderwertig fühlt? Und fühlt sich deine berentete Nachbarin möglicherweise ein bisschen nutzlos, nicht respektiert und muss deshalb aus dem Badfenster heraus die Straße beobachten und alle anzeigen, die nicht auf den Zentimeter genau in der Parkbucht stehen? Wir wissen es nicht, nur leider hast du da gerade geparkt. Doof.

Die Frage ist: Wie gehst du damit um, wenn du deren Feedback oder Meinung abbekommen hast? Statt es persönlich zu nehmen und dich gekränkt zu fühlen, möchte ich dich erstens einladen, dich einfach mal nur zu fragen, ob der andere das vielleicht gerade »braucht«. Ist diese Person möglicherweise in Geltungsnot? Ist sie vielleicht verunsichert, gekränkt, nicht in ihrer Kraft und muss um sich schlagen und sich behaupten? Vielleicht kannst du das ein oder andere dann einfach so stehen lassen, ohne dich selbst abgewertet zu fühlen. Du musst den geringeren Status, den jemand dir zuschreiben will, nicht annehmen, nur weil der andere wie ein Pfau seine Federn zeigt. In den meisten Fällen hat das alles mit dir persönlich ja gar nichts zu tun.

Anstatt im Gegenzug die Abwertungsspirale zu befeuern und dein Gegenüber ebenfalls abzuwerten, kannst du einen anderen Weg wählen. Möglicherweise hilfst du demjenigen sogar in seine Stärke, indem du dich – nicht hämisch, sondern aus deiner inneren Stärke und Menschlichkeit heraus – bedankst, die Person lobst oder auf andere

Weise deine Wertschätzung zeigst. Denn jemand, der sich aufgewertet fühlt, hat das Statusspielchen »Aufwertung durch Abwertung« viel weniger nötig. Wichtig ist, dass dies keine Technik ist, keine Schauspielerei, um dem anderen ein gutes Gefühl zu geben. Tue es bitte nur, wenn deine innere Haltung stimmt und du diesen Menschen wirklich schätzt und ihm diese Wertschätzung zeigen möchtest. Wenn das nicht der Fall ist, wird dein Gegenüber spüren, dass du es nicht ernst meinst und höchstwahrscheinlich weiter, womöglich sogar noch vehementer gegen dich schießen.

Oder – und das ist echt für Fortgeschrittene – du kannst dich auf die Suche begeben: Hast du durch dein Verhalten oder dein Auftreten womöglich verursacht, dass dein Gegenüber sich abgewertet fühlt und nun meint, kämpfen oder sich verteidigen zu müssen? Hast du ihn oder sie bewusst oder unbewusst provoziert? Vielleicht hast du erwähnt, dass bei dir alles wie geschmiert läuft, du dich bei Haussanierungen sowieso besser auskennst, du gerade den Marathon gelaufen bist und drei Kilo abgenommen hast? Ja, all das kann beim Gegenüber Minderwertigkeitsgefühle hervorrufen, gegen die sich der andere dann wehren will. Mit seinem höhnischen »Du meinst echt, du wärst was Besseres!« bekommst du (verdient?) vielleicht unvermittelt – *zack!* – eins in die Fresse.

Mir geht es hier nicht um Schuldzuweisung. Ich möchte dich nur für ein Phänomen sensibilisieren und dich vor der gegenseitigen Abwertung bewahren. Es ist sinnlos zu fragen: »Wer hat angefangen?« Viel sinnvoller ist es, aus der Abwertungsspirale auszubrechen und sich zumindest durch ein besseres Verständnis der Situation nicht persönlich angegriffen zu fühlen oder kränken zu lassen.

Sollte es dir häufiger passieren, dass du von anderen Menschen Abwertungen kassierst, frage ich dich: Ist dir bewusst, wie stark du bist und wie stark du auftrittst? Wie heißt es so schön in der Werbung? »Bist du zu stark, sind sie zu schwach.« Tatsächlich mache ich oft die Erfahrung, dass sich manche Menschen ihres starken Auftretens und ihrer imposanten Größe gar nicht bewusst sind.

Auch das kann zum Problem werden. Vielleicht willst du dir zu diesem Thema Feedback einholen – von Menschen, die sich trauen, dir ganz offen zu antworten. Möglicherweise willst du dann anderen mehr signalisieren: »Ich schätze dich und möchte dir auf Augenhöhe begegnen.«

Feedback von Rotweintrinkern

Lass mich raten: Du bist hauptsächlich wegen des möglichen Unterhaltungswerts in diesem Kapitel gelandet, denn eigentlich hast du mit »Feedback von Rotweintrinkern« gar kein Problem. Wortmeldungen von Beschwipsten nimmst du ohnehin nicht persönlich. Falls das so ist, finde ich das schon mal eine gute Idee. Aber, surprise! Darum geht es hier gar nicht. Von daher: Schön, dass du hier bist!

Stell dir vor, du gibst im Sommer eine Gartenparty und hast neben 20 anderen Freunden auch Dirk eingeladen. Er ist Rotweintrinker. Schon immer gewesen. Wenn du ihn fragst: »Rot, weiß oder lieber ein Bier?«, wird er antworten »Rot!« oder »Ich muss fahren«. Du kennst Dirk, hast eigentlich auch nichts anderes erwartet, aber du fragst eben nach, weil es sich so gehört. Diesen Sommer hast du allerdings etwas ganz Besonderes im Kühlschrank: den weltbesten Chardonnay, den du im letzten Frankreichurlaub für dich entdeckt hast. Du hast dich so in diesen Weißwein verliebt, dass du davon gleich mal ein paar Kisten mit nach Hause genommen hast. Nun brennst du förmlich darauf, die ganze Welt – oder zumindest all deine Freunde – zu fragen: »Und, wie findest du den?«

Dirk ist ein guter Freund und du hättest gerne auch sein Urteil. Also gibst du ihm ein Gläschen zum Verkosten. Dirk nippt ein Minischlückchen, und es kommt, wie es kommen muss. Er spuckt übertrieben auf den Rasen und sagt nach einem kleinen Hüsteln: »Sorry, geht gar nicht. Das Zeug krieg ich nicht runter.« Autsch, das sitzt. Irgendwie findest du das enttäuschend. Du fragst dich: Hätte er nicht über seinen Schatten springen und dem Weißwein wenigstens eine Chance geben können? Er hat doch gar nicht richtig probiert! Gegenfrage: Kann Dirk dem Weißwein wirklich eine Chance geben? Unter Umständen nicht, denn die Sache ist möglicherweise gefährlich. Nicht für dich, sondern für Dirk. Seine Identität steht auf dem Spiel. Was hat es damit auf sich?

Menschen beginnen ab dem frühesten Kindesalter, sich eine Identität aufzubauen. Als Kleinkind wurden wir gefragt »Wer bist denn du?« und konnten antworten: »Ich bin der Dominik aus Schrobenhausen, und ich bin schon drei.« In der Grundschule wurden wir dann mit Poesiealben (kennst du die noch?) konfrontiert, und spätestens dann mussten wir ganz wichtige Dinge über uns auf den Punkt bringen: Lieblingsfarbe, Lieblingsband, Lieblingsfilm, welchen Beruf wir ergreifen wollen und weitere ungemein wichtige Eigenschaften. Es gab jeweils nur eine Zeile, wir konnten also leider nicht schreiben »Es kommt darauf an ...« und fatalerweise stand es dann schließlich für immer und ewig da drin. Das Ganze wurde auch ziemlich schweißtreibend, denn wir wollten bei 29 Mitschülern und ebenso vielen Poesiealben nicht ständig zwei Stunden von Neuem darüber nachdenken und schufen uns so peu à peu unsere einigermaßen fixen Antworten. Natürlich kommen auch nachfolgende Generationen ohne Poesiealben nicht um diese Fragen herum.

Wir alle beginnen ab dem Kindesalter damit, unseren Charakter zu formen. »Wie unterscheide ich mich von anderen?« und »Wie und wo gehöre ich dazu?« sind leitende Fragen, die wir uns bewusst oder unbewusst beantworten. Irgendwann bilden all diese Antworten – *tadaaa!* – unsere Identität: Hobbys, Persönlichkeitseigenschaften, Unverträglichkeiten, Kleidungsstil, Musiksender, politische Einstellung, Essens- sowie Weinvorlieben und vieles mehr: Anne identifiziert sich zum Beispiel mit Veganern, sie liebt die Großstadt und schicke Klamotten mit Ballerinas, außerdem ist sie absoluter Frankreichfan und verachtet Fußball. Sie liebt guten Weißwein. Franz hingegen ist passionierter Fußballfan und kann mit dem Ausland nur wenig anfangen. Er liebt Barbecues aller Art, fühlt sich der Zunft der Handwerker zugehörig, auf dem Land fühlt er sich richtig zu Hause und außerdem findet er Cabriolets sinnlos. Seine gesamte Familie trinkt Bier, er fällt mit seinem Rotweintick aus der Reihe. Natürlich können sich die Präferenzen von Franz und Anna im Laufe ihres Lebens ändern, auch wenn beide vielleicht im Moment denken, all das seien recht fixe »Eigenschaften«.

Jeder kann neue Präferenzen entwickeln oder frühere Entscheidungen revidieren, aber das rüttelt am Selbstbild und ist mit mentalem Aufwand und oft auch Verunsicherung verbunden. Denn so eine Identität schafft Sicherheit. Unsere Mitmenschen wissen, mit wem sie es zu tun haben, und können uns einschätzen. Und auch uns selbst hilft es zu wissen, wer wir sind: Mit einer klaren Identität ist das Leben weniger kompliziert, wir müssen weniger Entscheidungen immer wieder neu treffen.

Zur Sicherung und Wahrung der eigenen Identität gehört es oft aber auch, die eigenen Präferenzen aufzuwerten. Rotweintrinker trinken nicht nur einfach Rotwein, sie sind oft »Fan« von diesen Rebsorten (oder sogar einer speziellen). »Der ist so gesund wegen der Gerbstoffe«, sagen sie sich und allen, die es wissen wollen. Man weiß aber auch, wer man nicht ist oder was man definitiv nicht mag. Auch das ist identitätsbildend. Weißwein geht dann eben gar nicht. Das, was wir abgewählt haben, ist »falsch« oder »der Feind.« Das muss nicht so extrem sein, dass es bekämpft wird, aber zumindest wird es von uns geringschätzig behandelt.

Für einen Rotweintrinker, für den Rotwein identitätsstiftend ist, »darf« demnach ein Weißwein gar nicht gut schmecken – dies würde an seinem Selbstverständnis rütteln. Das Gleiche gilt für einen Veganer oder eine militante Nichtraucherin: Im dem einen Fall »darf« das Fleisch, im anderen Fall die Zigarette nicht schmecken, ohne die Identität der Person ins Wanken zu bringen.

Was machst du nun also mit Dirks Feedback zu deinem Weißwein? Ich bin mir sicher, damit kannst du gut leben. Aber wie oft begegnest du Menschen, die nicht deinen Wein, sondern dich oder dein Verhalten ablehnen, einfach weil es ihrer Identität entspricht? So mancher Betriebsrat kann dich nicht ausstehen, weil du mittlerweile der Chef bist und das Sagen hast. Ein Backpacker mag dich nicht, weil du gerne All-Inclusive-Urlaub machst. Ein eingefleischter Fußballgegner findet jedes Spiel »total langweilig« und hält dich als Trainer einer Jugendmannschaft für kleingeistig. Ein Handwerker wertet alle Menschen ab, die zwei linke Hände haben und nur mit dem Kopf arbeiten, weil für ihn eben nur das echte Arbeit ist, was man mit den Händen erledigt. Umgekehrt wertet ein Akademiker Menschen ab, die keinen höheren Bildungsabschluss haben, weil ihm persönlich Bildung so wichtig ist.

Leider folgen nicht alle Menschen der Devise »Leben und leben lassen«. Dabei wäre das Miteinander so viel entspannter, wenn »das Andere« als Bereicherung und nicht als Bedrohung empfunden würde. Kannst du leben und sie leben lassen – und ihr Feedback bitte nicht so wichtig nehmen?

Feedback von Vertriebsprofis

An dieser Stelle möchte ich ganz bewusst ein Kompliment an dich aussprechen: Ich bin dankbar, dass es Menschen wie dich gibt, die sich weiterbilden und weiterentwickeln wollen, die sich um ein besseres Feedback-Miteinander bemühen, sich dafür auch mal selbst hinterfragen und Verantwortung übernehmen, wenn es darum geht, sich seelisch und emotional zu stabilisieren, anstatt ihre schlechten Gefühle an anderen auszulassen. Sehr wahrscheinlich hattest du schon vor diesem Kapitel, ja vor dem Lesen dieses Buchs, eine hohe Kompetenz, was das Lesen und Verarbeiten von Feedback und vermutlich so mancher Frechheit angeht. Du bist dadurch der Mensch geworden, der du heute bist, mit all deinen Stärken, deinem Fingerspitzengefühl, deiner Kommunikationsstärke. Das ein oder andere

Da werfe ich Ihnen die ganze Zeit die Bälle zu, und was tun Sie?

Feedback hat dich vielleicht entmutigt oder verunsichert, sodass du an einigen Stellen noch unter deinen Möglichkeiten bleibst. Ich bin mir sicher, du kannst mehr, als du heute zeigst – und von dir selbst weißt. Du gehörst sicherlich zu den eher Clevereren in unserer Gesellschaft und weißt, wie hilfreich es sein kann, Feedback unter unterschiedlichen Perspektiven zu sehen und der Welt etwas offener zu begegnen.

Wenn du jetzt denkst: »Oha, gleich rutscht die Autorin aber auf ihrer Schleimspur aus«, sei dir gesagt:

1. Ich meine das wirklich so!
2. Ist es nicht irgendwie traurig, dass wir es kaum aushalten, mal ein Lob zu bekommen, das länger ist als ein Satz? Einfach weil wir es nicht gewohnt sind?

Im Alltag der meisten Menschen kommt es leider selten vor, dass andere ihnen sagen, was sie an ihnen toll finden – außer der Feedbackgeber ist ein Vertriebsprofi. Erst vor Kurzem habe ich es erlebt: »Hey, Terry, wie geht's dir? Was macht der Hund? So einen hatte ich ja auch mal ... Mensch, tolle Frisur! Sag mal, gehst du eigentlich noch surfen? Finde ich total klasse. Mensch, der Ammersee ist auch wirklich ein tolles Revier, oder?« Spätestens bei der Frisur wurde ich skeptisch. Ich hatte doch erst morgen meinen Friseurtermin, und der war echt dringend nötig. Ich roch den Braten. Vor mir stand ein Vertriebsprofi, keine Frage. Gleich würde er mir etwas andrehen wollen oder sich kostenlos eine Beratung wünschen. Ich freute mich zwar über das Lob und die Anerkennung, dachte aber gleichzeitig: »Netter Versuch!«

Ob er all die lobenden Worte, mit denen er mich eingekleistert hat, wirklich so gemeint hat, oder ob er Hunde in Wahrheit gar nicht leiden kann, werde ich vermutlich nie erfahren. Er hat auf jeden Fall Interesse gezeigt, versucht, Gemeinsamkeiten herzustellen und mich aufzuwerten. Das geht mit positivem Feedback wunderbar! Die Botenstoffe Serotonin, Dopamin und Oxytocin, die dabei in uns als Feedbacknehmer ausgeschüttet werden, triggern ein Wohlgefühl, ein Gemeinschaftsgefühl und ein Gefühl von Wichtigkeit.

Das war doch ein klarer Versuch von Manipulation, oder? Aber was ist das eigentlich genau? Dieser Begriff wird nicht einheitlich und oft im negativen Kontext verwendet. Meine Teilnehmer wollen oft von »Manipulation« nichts wissen, bis sie darauf achten, was darunter zu verstehen ist: Meist versteht man unter Manipulation eine zielgerichtete Handlung, bei der man Mittel und Techniken verwendet, die dem Gegenüber nicht bewusst oder bekannt sind, um dessen Denken oder Verhalten zu beeinflussen.* Aha, das mache ich ständig. Du vermutlich auch. Wenn ich in meinen Vorträgen meine Zuschauer zum Lachen bringe, dann ist das Manipulation. Erziehung von Kindern ist

* Siehe auch https://de.wikipedia.org/wiki/Manipulation

im Grunde Manipulation. Werbung ist sowieso Manipulation. Wenn ein Arzt dich vor der Narkose nach deinem Lieblingsurlaubsort fragt, um dich damit in schöne Träume zu schicken, ist das Manipulation. Andere zu motivieren, dir bei deinem Umzug zu helfen, genauso. Manche gehen sogar so weit zu sagen: Jede Kommunikation ist Manipulation, da wir immer eine gewisse Absicht haben und andere in irgendeiner Form beeinflussen wollen.

Manipulation kann gute, aber auch weniger gute Absichten haben. Unsittlich wird sie dann, wenn sie – zum Beispiel mithilfe positiven Feedbacks – zum Nachteil oder Schaden beim Gegenüber führen kann. Wenn jemand gegen seinen Willen überredet oder seine Unwissenheit zu seinem Nachteil ausgenutzt wird, kann man diese Art der Einflussnahme nicht gutheißen.

Wenn Menschen uns loben und Wertschätzung zeigen, haben sie vielleicht – wie der Vertriebsprofi – eine Hidden Agenda, vielleicht aber auch nicht. Genau wissen kannst du es nicht. Willst du jetzt grundsätzlich argwöhnischer werden? Willst du dann, wenn du den Braten riechst, entgegnen: »Das sagst du doch nur, weil ich diese Waschmaschine kaufen soll.«

Mein Vorschlag: Hole dir viel Feedback ein, auch gutes! Gewöhne dich an gutes Feedback. Lerne auszuhalten, dir anzuhören, was andere an dir toll finden. Genieße es, auch stillschweigend, wenn du magst. Oder mach es wie meine tolle Speaker-Kollegin Sabrina von Nessen, die auf ein Lob gerne antwortet: »Ja, danke, war auch viel Arbeit!« Wenn du dich an positives Feedback gewöhnst, wirst du gar nicht mehr so leicht verführt werden können durch Leute, die dir Honig ums Mäulchen schmieren wollen.

Wenn dir eine Person viel Wertschätzung entgegenbringt, frage sie doch einfach, was sie an dir nicht okay findet oder für verbesserungswürdig hält. Wenn sie wirklich ein guter Geselle ist, weist sie dich sicher gerne auf deine blinden Flecke hin. Wenn dir jemand ein Angebot macht – sagen wir, er möchte dir ein Auto verkaufen –, würdest du das Angebot auch annehmen, wenn du diese Person nicht mögen würdest? Prüfe das oder schlafe eine Nacht darüber, bevor du das Angebot annimmst oder dann doch ablehnst.

Nimm niemandem übel, wenn er dich lobt und dir sagt, wie toll du bist. Ist es nicht schön, dass es diese Menschen gibt? Manche erzählen anderen gerne, was sie schön finden. Wir sollten ihnen das nicht vorwerfen, nur weil wir als Feedbacknehmer unsicher im Umgang mit Lob sind. Wenn ich es recht überlege: So schlecht war meine Frisur gar nicht!

Feedback vom Antiquitäten- und Trödelmarkt

Mein Coachee Thomas hatte sein jährliches Feedbackgespräch. Danach rief er mich entrüstet an: »Terry, weißt du, was der Chef mir aufgetischt hat? Du glaubst es nicht! Da sagt der im Ernst, die Tabelle, die ich vor sechs Monaten erstellt habe, sei fehlerhaft. Daher würde er mir bei ›Genauigkeit‹ einen von fünf Punkten abziehen. Will der mich veräppeln? Weiß der denn nicht, dass die Tabelle bei uns seit sechs Monaten in der ganzen Abteilung im Einsatz ist? Jeder nutzt sie. Und jetzt das! Er gibt mir sechs Monate kein Feedback und wir arbeiten alle ein halbes Jahr mit einer fehlerhaften Vorlage?! Warum sagt der sowas nicht früher, sobald ihm der Fehler aufgefallen ist?«*

Bei allem berechtigten Ärger von Thomas hat mich diese Geschichte kaum überrascht. Leider hat so manche negative (wie auch

* Ich möchte an dieser Stelle klarstellen: Rein formal müssen im jährlichen Beurteilungsgespräch tatsächlich alle relevanten positiven wie negativen Punkte des vergangenen Jahres gesammelt genannt werden. Also auch diese Excel-Tabelle von Thomas. Der Großteil des Gesprächs dürfte aber überhaupt nicht überraschen, da Feedback zu aktuellen Ereignissen immer zeitnah kommuniziert werden sollte, um eine Verhaltensänderung zu ermöglichen. Dass über die fehlerhafte Tabelle im Jahresendgespräch gesprochen wird, ist okay. Dass Thomas erst jetzt davon erfährt, dass sie fehlerhaft ist, hingegen nicht.

positive) Rückmeldung, die wir bekommen, bereits eine ordentliche Staubschicht angesetzt. Oft werden uralte Dinge herausgekramt und im Jahresgespräch auf dem Gesprächsbogen notiert oder dem Partner im Streit um die Ohren gehauen. »Damals hast du ...«, beginnen solche Geschichten gerne. Und man denkt: »Ja, aber warum hast du *damals* denn nichts gesagt?«

Gutes Feedback erfolgt immer zeitnah – und das hat Gründe:

- Manchmal kann man sich gar nicht mehr genau an die Begebenheit erinnern und sich entsprechend nicht angemessen verteidigen.
- Falls die Kritik berechtigt ist, kann man gleich etwas verändern, revidieren oder sich entschuldigen.
- Mit einer zeitnahen Erklärung kann man das eigene Verhalten plausibel oder nachvollziehbarer machen – ohne Feedback hat man dazu keine Chance.
- Aufgespartes Lob ist einfach schade. Du hast es verdient, deine Lorbeeren direkt zu bekommen!

So manches Feedback wäre sehr wertvoll gewesen, wenn es früher platziert worden wäre, ist aber vielleicht auch heute noch relevant. Anderes ist heute nun wirklich nicht mehr zu gebrauchen und es scheint nutzlos, damit Zeit zu verschwenden. Da ist es nachvollziehbar, dass wir uns als Feedbacknehmer schwarzärgern, wenn uns ein Feedback viel zu spät aufgetischt wird.

Wie wäre es, wenn wir den Spieß umdrehen, indem wir selbst zum Feedbackgeber werden? Wir geben sozusagen Feedback zum Feedback. Zum Beispiel: »Ich finde es gut, dass du mir das sagst, aber ich finde es nicht gut, dass ich das erst jetzt erfahre.« Und vielleicht weiter: »Das ist so lange her, dass ich das heute nicht mehr klären kann. Ich möchte, dass du mir in Zukunft zeitnah rückmeldest, wenn du etwas nicht in Ordnung findest. Nur das gibt mir die Chance, daraus zu lernen, etwas zu klären oder mein Verhalten zu rechtfertigen. Kann ich mich darauf verlassen?« Oder »Das Lob hätte ich gerne schon früher gehabt« – oder so ähnlich.

Lade dein Umfeld aktiv ein, dir zeitnah Feedback zu geben. Du willst das Gute wie das Negative schnell hören und nicht mit einem ewig langen Bart dran. Sollte es dir öfter passieren, dass du insbesondere kritisches Feedback viel zu spät erhältst, dann schau dir doch mal Kapitel 7 an.

Nur zur Klarstellung: Sollten solche »ollen Kamellen« frei erfunden sein und dir von jemandem untergeschoben werden, dann sind sie kein Feedback, sondern eine absolute Frechheit, die sich nicht gehört. Und wie du damit umgehst, weißt du ja inzwischen: Da rein, da raus – oder: sich zur Wehr setzen!

Feedback vom Dinosaurier

Ich saß mit meinen Teilnehmern beim Abendessen im Hotelrestaurant. Kurz vorher war im Workshop ein Zettel herumgegangen, auf dem jeder das Hauptgericht seiner Wahl angekreuzt hatte: großer Salat oder Rumpsteak. Ich hatte heute zehn gestandene »Mannsbilder« im Workshop, da brauchte die Küche niemandem von uns Salat zu servieren. Das macht es schön einfach. Mitdenkend wie wir waren, hatten wir sogar gleich auf dem Zettel vermerkt, wer sein Fleisch auf welcher Garstufe gebraten haben wollte: rare, medium rare, medium oder well done.

Während die Steaks in den verschiedensten Varianten mit Ofenkartoffeln serviert wurden, schaute ich in strahlende Gesichter. Sekunden später setzte das große Schweigen ein und die Jungs und ich machten uns über unsere Teller her. In die Stille hinein kam plötzlich, schwer seufzend, der Satz von Ulf: »Och neee, das ist noch nicht durch.«

Alle schauten ihn an. »Schmeckt's nicht?«, fragte einer.

Natürlich sind Sie mit Ihrer Arbeit zufrieden … wir füllen das jetzt mal gemeinsam aus.

Er erwiderte: »Nein, das ist nicht ganz durch. So mag ich das nicht.« Er winkte die Bedienung heran, die auch sofort reagierte und zu ihm kam, reichte ihr seinen Teller und sagte freundlich: »Würden Sie das bitte noch mal durchbraten? Es ist nicht ganz durch.« Die Bedienung nickte und verschwand mit dem Teller in der Küche. Ein paar Minuten später tauchte die Servicekraft wieder auf: frischer Teller, Kartoffel mit Quark neu drapiert und das Steak mit neuen Röststreifen, also sichtbar nachgebraten, daneben. Ulf nahm den Teller dankend entgegen, probierte und machte dann ein genauso zufriedenes Gesicht wie alle anderen am Tisch.

Nachdem wir unsere Teller geleert und unser Besteck ordentlich auf fünf Uhr gelegt hatten, wurde abgeräumt. Dann trat plötzlich ein Junge an unseren Tisch. Ich fragte mich kurz: »Ist der mit seinen Eltern hier, wo sitzen die?« Aber der junge Mann schien wirklich zu uns zu wollen. Er stellte sich kerzengerade wie eine Salzsäule neben unseren Tisch, zitterte ein wenig, versuchte irgendwie verzweifelt seine Tränen zu unterdrücken, und presste dann heraus: »Ich soll mich für das Steak entschuldigen. Das tut mir sooooo leid. Das kommt nicht mehr vor. Wissen Sie, ich habe doch heute meinen ersten Tag!« Dann rannen ihm die Tränen übers Gesicht. Bitter schluchzend fuhr er sich mit seinem Ärmel über die Augen.

Wir waren einen kurzen Moment unter Schock. Dann griff sofort unser Beschützerinstinkt: Wir zogen einen Stuhl heran, baten den jungen Mann, sich zu setzen, und Ulf nahm sich seiner an wie ein liebevoller Vater.

Wie wir von dem jungen Kochlehrling erfuhren, hatte er sich bereits in der Küche einen ordentlichen Anschiss abholen müssen. Und das an seinem ersten Tag. Der Lehrling lernte also gleich vom Start weg, insbesondere Angst vor seinem Chef zu haben, vielleicht auch Angst vor den Gästen und insbesondere Angst vor der Rumpsteakbraterei. Das sind natürlich allerbeste Voraussetzungen für eine Kochlehre – Prost Mahlzeit!

Und wo war der verantwortliche Küchenchef und Ausbilder des Jungen? Er war in der Küche geblieben und tauchte auch nicht bei uns auf. Das nahm ich ihm übel, richtig übel. Er hatte seinen jungen, völlig verunsicherten Kochlehrling alleingelassen und vorgeführt.

Diese »Dinosaurier-Feedbackgeber«, wie ich sie nenne, haben Vorstellungen von Erziehungsmethoden, die eigentlich ausgestorben sein sollten. Es gibt immer noch genügend Menschen, die meinen: »Nur Druck formt Diamanten.« So haben sie es vermutlich selbst in ihrer Ausbildung oder Familie erlebt und so geben sie anderen auch heute noch Feedback. Feedback muss aus ihrer Sicht hart und schmerzhaft sein, sonst wird der andere sein Verhalten nicht ändern. Mit diesem Glaubenssatz agieren sie tagtäglich und schüren um sich herum eine Atmosphäre der Angst. Ich habe viele Menschen, auch Führungskräfte, erlebt, die unter dem Druck und den harten Worten ihres Chefs fast zusammengebrochen sind, heimlich geweint haben, krank wurden – und irgendwann die Stelle wechselten. Ich habe mich auch schon ab und an mit deren Chefs unterhalten. Mir gegenüber waren sie in Bezug auf ihre Mitarbeiter voll des Lobes. Das wunderte mich gar nicht, denn so ticken Feedback-Dinos eben.

Die Hirnforschung zeigt uns sehr genau, was mit uns passiert, wenn wir solchen Verletzungen ausgesetzt sind: Wir werden ängstlich oder wütend, können kaum noch hinhören, unsere mentale Leistungsfähigkeit sinkt.[9] Wenn es sehr schlimm ist, lernen wir so gut wie gar nichts, außer zukünftig ähnliche Situationen zu meiden. Genauso zeigt die Hirnforschung, dass wir auch etwas lernen, wenn Menschen uns etwas liebevoll erläutern, freundlich auf etwas hinweisen oder begeistert etwas zeigen.[10]

Es gibt sie noch, diese Lehrherren der alten Schule, aber sie werden seltener und gehen nach und nach in Rente. Die Dinosaurier sterben aus. Die jüngere Generation an Ausbildern ist manchmal leider genau gegenteilig unterwegs und lässt es überhaupt vermissen, kritisches Feedback zu geben, Kritik zu formulieren und Grenzen aufzuzeigen. Das ist auch nicht gut! Ich bin sicherlich kein Freund davon, andere in Watte zu packen, aber ich möchte, dass Menschen die besten Möglichkeiten haben, um zu lernen und sich zu entwickeln. Daher setze ich mich für eine hohe Feedbackgeberkompetenz ein. Ich möchte dir ein paar Dinge empfehlen für den Fall, dass du solchen Feedback-Dinosauriern begegnest oder gar mit ihnen zusammenarbeiten musst.

Nimm dir die Feedbacks dieser aussterbenden Spezies bloß nicht zu Herzen! Da gehören sie nicht hin. Höre stattdessen auf die Sache, um die es ihnen geht. Der Dino möchte, dass du etwas änderst oder ein Thema ernst nimmst. Vielleicht kannst du deinem Gegenüber signalisieren, dass du die Sache verstehst und dich um Änderung bemühst, sodass er den Druck verringern kann. Es macht einen Unterschied, ob du die grundlegende Sache verstehst und ernst nimmst, zum Beispiel: »Er will, dass ich das Steakbraten übe«, oder ob du dich persönlich angegriffen fühlst, verletzt bist und denkst: »Bei dem bin ich für immer unten durch. Der will mir wehtun!«

Vielleicht ist der ein oder andere Dino zugänglich für ein ruhiges Gespräch. Ich weiß, dass man dabei manchmal enormes Fingerspitzengefühl braucht. Denn das ist ja Feedback zum Feedback und dabei stellt sich immer die Frage, ob der Dino das haben will. In den letzten 15 Jahren, in denen ich Führungskräftetrainings durchgeführt habe, haben mich viele dieser Dinos hinsichtlich ihrer Veränderungsbereitschaft überrascht. Ihre anfängliche Abwehrreaktion oder verhaltenes Stirnrunzeln täuschte oft darüber hinweg, dass sie sich sehr wohl Gedanken machten und in vielen Situationen ein anderes Feedbackverhalten ausprobierten. Mit Erfolg! Von daher freue ich mich, wenn du den Mut findest, mit den sogenannten Dinosauriern freundlich ins Gespräch zu kommen und ihnen die Erprobung neuer Verhaltensweisen schmackhaft zu machen. Aber bitte gib ihnen auch die nötige Zeit, um ihr neues Feedbackverhalten einzuüben.

Manche Dinosaurier ändern sich aber leider nie – oder für dich nicht schnell genug. Daher: Prüfe, ob du diesen Menschen möglicherweise auf Dauer aus dem Weg gehen kannst.

Kannst du in der Beziehung zu der Person noch etwas Positives finden? Fühlst du dich ansonsten von ihm oder ihr geschätzt, gefördert? Überwiegen die Vorteile in eurer Beziehung? Wenn nicht: Es gibt auch andere Grillpartys, Arbeitgeber oder Möglichkeiten, Weihnachten zu verbringen. Du bist es wert, wertvoll behandelt zu werden! Wenn manche Zeitgenossen das anders sehen, haben sie möglicherweise keinen Platz in deinem Leben.

Feedback von Berlinern und Bahamesen

Ich stand in einem Klamottenladen am Prenzlauer Berg an einem Drehständer und suchte das dunkelblaue Kleid in meiner Größe. (Die willst du jetzt wissen, gell? Verrate ich aber nicht.) Während ich – *ritsch, ritsch, ritsch* – die falschen Größen zur Seite schob und fast schon aufgeben wollte, sah ich im Augenwinkel, wie neben mir eine Frau aus der Umkleide trat. Sie war barfuß und trug ein schickes schwarzes Kleid. Leider war es ihr zu eng. Der Reißverschluss hinten war nicht ganz zugegangen, der Rock rutschte nach oben und sie schien sich kaum darin bewegen zu können. Vorsichtig schritt sie auf den Spiegel zu, drehte sich ein paar Mal und wandte sich dann der Frau zu, die an der Seite auf einem Stuhl saß und sie musterte.

Was nun folgte, war ein kulturelles Schauspiel vom Feinsten. Die Frau im schwarzen Kleid fragte: »Un, wat säste dozo?«* Die Begleitung holte tief Luft, kniff die Lippen zusammen und sagte dann ebenfalls mit typisch rheinländischem Akzent: »Naja, ich glauwe, ich künnt et su net andon.«** Traurig schaute die Frau wieder in den Spiegel und sagte: »Gäh, ich glauwe, ich bräucht et zwei Nummere grüßer.«***

Meine Berliner Freundin, die die Szene ebenfalls beobachtete, trat an meine Seite und raunte mir zu: »Mensch, dit muss der Frau doch jemand sajen, det se wie 'n Pottwal aussieht! Dit jeht ja jarnüsch!« Darf ich vorstellen: Lotte aus Berlin, eine alte Freundin und eine der herzlichsten Frauen, die ich kenne. Sie trägt, wie man so schön sagt, das Herz auf der Zunge, sprich: Sie sagt, was sie denkt und fühlt, und das ohne Umschweife. Statt Konjunktiv wie bei den Rheinländerinnen, steht bei ihr ein Ausrufezeichen. Mensch, ey!

Dennoch haben beide Frauen, die rheinländische Freundin und Lotte, das gleiche Feedback gegeben. Ihre Einschätzung hinsichtlich des Kleids war identisch. Nur ihre Verpackungen waren anders. Vermutlich auch aufgrund des unterschiedlichen kulturellen Backgrounds. Denn: Kölle ist eben nicht Berlin.

Doch was bedeutet das eigentlich – Kultur? Der Begriff ist, wie die Sache, die er bezeichnet, nicht so leicht zu umreißen. Er umfasst unter anderem die Normen, Regeln und Werte, an die man sich in ei-

* Und, was sagst du dazu?
** Na ja, ich glaube, ich könnte es so nicht tragen!
*** Ja, ich bräuchte es zwei Nummern größer.

ner Gemeinschaft hält, um dazuzugehören. Viele dieser Regeln sind nirgends explizit zum Beispiel als Gesetze formuliert, sondern werden von der Gemeinschaft gelebt, vorgemacht und nachgeahmt. Man könnte also sagen: Kultur ist, wie man es »hier bei uns« so macht. Dabei sind manche dieser Verhaltensregeln so tief in uns verankert, dass wir ihnen folgen, ohne uns dessen bewusst zu sein. Wir bewegen uns in unserer kulturellen Blase wie ein Fisch im Wasser. Denn auch der Fisch nimmt vermutlich nicht das Wasser wahr, in dem er schwimmt, es sei denn, es ist plötzlich schmutzig ... oder weg!

Um kulturelle Unterschiede im Feedbackgeben zu finden, brauchen wir also nicht gleich Asien mit Europa oder Norwegen mit Italien zu vergleichen. Schon innerhalb Deutschlands wie auch innerhalb von Unternehmen oder innerhalb von Familien gibt es Gepflogenheiten, die sehr unterschiedlich sein können – auch was den Umgang mit Feedback, Lob und Kritik angeht. Ich kenne Unternehmen, in denen so gut wie nie Kritik ausgesprochen wird, weil man ein kritisches Feedback dort wie einen Angriff auf ein Familienmitglied empfinden würde. In anderen Unternehmen der gleichen Branche bekommt dagegen jeder fast wöchentlich Feedback von seinem Team – natürlich auch kritisches. Stetiges Wachstum und die persönliche Weiterentwicklung sind dort Dauerthemen. Solche Unterschiede in der Feedbackkultur gibt es nicht nur im Vergleich zwischen Unternehmen, sondern manchmal sogar zwischen zwei Abteilungen ein und derselben Firma!

Ich selbst bin nahe des Rheinlands aufgewachsen und gebe zu: Der erste Berliner, der mir begegnete, erschien mir schon etwas ungehobelt, frech und von oben herab. Seine Herzlichkeit und Zugewandtheit konnte ich erst viel später »lesen«. Heute weiß ich: Gerade wenn sie dich mögen, sind sie frei heraus!

Was uns dieses Beispiel zeigen kann: Wie immer, wenn es um Menschen geht, müssen wir nicht nur das Bild sehen, sondern auch den Rahmen und den Kontext, in dem etwas geschieht. Ich habe mir jedenfalls angewöhnt, bei Feedback, das ich erhalte, auch den kulturellen Anstrich zu sehen und in meine Interpretation des Gesagten möglichst miteinfließen zu lassen. Gerne frage ich auch manchmal einfach nach, wie etwas gemeint war. Das hilft!

In welchem Feedback-Kulturkreis bewegst du dich? Was gehört sich? Was nicht? Was sagt oder tut man »bei euch«, wenn man den Feedbacknehmer besonders schätzt? Und was glaubst du: Welchen kulturellen Hintergrund hatte dein letzter Feedbackgeber?

Feedback von Unsympathen

Es gibt Menschen, die können wir einfach nicht leiden. Wir haben vielleicht noch versucht, irgendetwas Positives an der Person zu finden, aber es gelingt uns nicht. Stell dir vor, deine Chefin gehört für dich zu dieser Kategorie – und sie lobt dich heute über den grünen Klee für deine klasse Präsentation. Freust du dich, fühlst du dich bestärkt? Was passiert hingegen, wenn sie dich oder dein Verhalten stark kritisiert? Zieht es dir den Boden unter den Füßen weg, lässt es dich hart an dir arbeiten oder entlockt es dir vielleicht nur ein Schmunzeln?

Aus meiner Sicht kann man sich auch Lob von Menschen anhören, die einem nicht sonderlich sympathisch sind. Sich wegen ihres Lobes im Höhenflug zu befinden, ist aber unsinnig. Sich von ihrer Kritik getroffen zu fühlen, ist genauso gegen jede Logik. Warum? Wenn du Menschen – auch nur mental – als Unsympathen bezeichnest, heißt das mit hoher Wahrscheinlichkeit, dass euch unterschiedliche Dinge im Leben wichtig sind. Ihr habt – zumindest vermutest du das – unterschiedliche Wertesysteme und damit auch unterschiedliche »Be-Wertungssysteme«. Ihr messt also mit zweierlei Maß.

Wir sollten uns daher fragen: Kann und darf es uns wichtig sein, was ein Unsympath über uns denkt? Würden wir dann vielleicht sogar gegen unsere Überzeugung handeln? Messen uns solche Men-

Arbeiten Sie schon oder ist das hier noch Teil Ihrer Nachtdekoration?

schen möglicherweise mit Maßstäben, denen wir gar nicht genügen wollen? Genauso kann es sein, dass die Kritik eines Unsympathen dazu führt, dass wir denken: »Prima, wenn der es falsch findet, bin ich ja wohl auf dem richtigen Weg!« Auf jeden Fall solltest du Feedback von Unsympathen anders für dich analysieren als das derer, die du magst.

Hast du Lust auf eine andere Perspektive? Ich bin mir nämlich sicher, hier gibt es etwas für dich zu lernen. Nicht über den Feedbackgeber, sondern über dich. Manchmal zeigen uns diese Menschen nämlich unsere Schwachstellen. Was wir an anderen abwerten, ist möglicherweise unser eigener Schwachpunkt. Frage dich zum Beispiel, was dich an ihnen ärgert. Wenn wir den Chef nicht mögen, weil uns zum Beispiel ärgert, dass er »andauernd krankmacht« oder »das Team alles alleine machen lässt«, ist es sehr gut möglich, dass wir selbst Schwierigkeiten haben, uns bei einer Erkrankung die nötige

Auszeit zu nehmen. Oder wir können schlecht delegieren und finden es deshalb blöd, wenn der Chef so viel Vertrauen in sein Team hat, dass er es die Aufgaben eigenständig lösen lässt.

Diese Unsympathen, also Menschen, die wir partout nicht ausstehen können, sind manchmal ein wunderbarer Spiegel unserer eigenen Inkompetenzen, Unsicherheiten oder unterdrückten Schwachstellen. Ob du ihnen – im Stillen – dafür danken willst, dass du dir selbst besser auf die Spur kommst? Das entscheide selbst!

Feedback von Deppen

Ich möchte zu Beginn ein paar Fragen in den Raum werfen: Wenn wir von »faulen Säcken«, »Idioten«, »Dumpfbacken« et cetera gelobt werden, ist das dann ein gutes Zeichen? Was machen wir mit solchem Lob? Nehmen wir es dankend an und freuen uns? Was sagt das Lob eines Deppen denn über uns aus? Andersherum wird es genauso fragwürdig. Wenn dich ein Mensch kritisiert, den du eher nicht für eine fachliche Koryphäe hältst und dem es aus deiner Sicht stark an Einschätzungsvermögen mangelt: Nimmst du diese Kritik an?

Wie wir wissen, kann Kritik von weniger gut ausgebildeten Menschen fatale Konsequenzen haben, wie in der Feedbackgeschichte von der Masseurin auf Fuerteventura in Kapitel 3. Sie hat es ihren Job gekostet. In einem solchen Fall gilt aus meiner Sicht die klare Regel: Danke für nix! Stelle Notwendiges klar und rücke dein Können ins richtige Licht. Lass dich dazu ausschließlich von Fachleuten bewerten.

»Feedback von Deppen« mag ketzerisch und vielleicht erst mal abwertend klingen. Die Überschrift sollte dich aber eher wachrütteln und verdeutlichen, wie oft sich Menschen anschicken, jemandem Rückmeldung zu geben, obwohl sie von Tuten und Blasen keine Ahnung haben. Sie haben vielleicht eine Meinung und Lust, diese

Den Blödsinn hier kenne ich schon...
Ich dachte, Sie präsentieren uns
alternativen Blödsinn.

kundzutun, aber das birgt für dich keine Notwendigkeit, mit dieser Meinung irgendetwas zu machen. Im Gegenteil: Du kannst sie eins zu eins durchwinken – oder du wirst hellhörig und bist sehr vorsichtig bei der Interpretation.

Sich auf »Lob von Losern« auszuruhen kann immens gefährlich werden. Sich bei Kritik von »Flachpfeifen« zu grämen ist verschwendete Lebenszeit. Bei solcher Kritik den althergebrachten Feedbackregeln zu folgen, die Worte einfach stehen zu lassen und damit eventuell Nachteile in Kauf zu nehmen, ist dramatisch und manchmal wirklich »dumm«! Du hast Ansprüche an dich und dein Leben und das mögen ganz andere sein als die deines Gegenübers. Wenn dein Gegenüber für sich und sein Umfeld geringere Standards hat als du, dann darf seine Bewertung für dich keine Relevanz haben oder Maßstab sein.

Frage dich: Wo setzt du für dich möglicherweise höhere Standards an als andere? In welchen Fällen kann dir Feedback von Menschen, die nur Mittelmaß anstreben, wirklich nicht genügen? Auf wessen Feedback legst du entsprechend mehr Wert, und auf welches weniger?

Feedback aus der Blase

Manchmal frage ich mich, wo wir gesellschaftlich gelandet sind: Allabendlich schauen sich Millionen Menschen freiwillig und mit Wonne an, wie sich unreife Künstler auf der Bühne blamieren. Der junge Mann, der vor der Jury auf der Bühne stand, sang noch nicht mal zu Ende, da die Buhrufe ihn schon vor dem zweiten Refrain so verunsichert hatten, dass er einfach verstummte. Ich kann jetzt leider nicht schreiben, dass sie ihn aus dem Takt gebracht hätten, denn im Takt war der Möchtegern-Michael-Jackson so gut wie nie gewesen.

»Meine Oma hat gesagt, ich kann singen!«, sagte er danach mit trotziger und ungläubiger Miene. Und ich glaube, er meinte das wirklich ernst – und seine Oma übrigens auch.

Als Zuschauer fragte man sich: »Wieso hat diesem armen Menschen niemand die Wahrheit gesagt? Wie konnte die Oma zulassen, dass ihr Enkel sich in diese missliche Lage bringt?« Die Sache ist die: Wahrscheinlich haben sowohl die Oma als auch der Enkel diese Lage nicht kommen sehen.

Ich möchte Feedbackgeber, die ihre Meinung äußern, obwohl sie nicht vom Fach sind, keineswegs diffamieren. Sie dürfen und sollen das weiter tun. Aber ich möchte dich als Feedbacknehmer dafür sensibilisieren, genau hinzuschauen, wen du fragst. Es ist riskant, nur auf die Einschätzung der Oma zu vertrauen, wenn diese in gewisser Weise »betriebsblind« ist, weil sie ihren Enkel über alles liebt und von der Singerei keine Ahnung hat. Das ändert nichts daran, dass sie eine ganz großartige Oma ist und in »ihrer Welt« ihr Enkel wunderschön singen kann. Nur ist sie eben keine besonders gute, also fachlich versierte und kompetente Feedbackgeberin.

Doch jetzt noch mal weg von der Oma hin zu dem armen jungen Mann: Auf der Bühne der vielen Privatsender ist der Unterschied zwischen Eigen- und Fremdwahrnehmung offensichtlich, animiert uns zum Fremdschämen und vermittelt uns Zuschauern ein höheres Statusgefühl. Ja, die Masche, hier Publikum zu ködern, ist simpel. Wir als Bewertende – und damit Aufgewertete! – haben leichtes Spiel und andere abzuwerten kann bei uns positive Gefühle triggern.

Aber wie ist es in deinem beruflichen oder privaten Alltag? Hand aufs Herz. Nein, Quatsch, damit hat es nichts zu tun! Weg da! Stattdessen lieber: Hand an den Kopf! Hast du dich mal gefragt, in welchen deiner Aktivitäten du Rückmeldungen von Koryphäen und in welchen von Laien suchst? Und vor allem: Wann gehst du zu »Betriebsblinden«, zu Freunden, zu Menschen, von denen du ahnst oder sicher weißt, dass sie dich mögen und somit fast alles mögen und befürworten werden, was du tust? Von welchen Menschen bist du beruflich, von welchen privat umgeben – und wie steht es um ihren unabhängigen Blick und ihr Urteilsvermögen? Mit wem vergleichst du dich? Mit wem vergleichen sie dich? Holst du nicht meist »aktiv« Feedback von Menschen ein, wo du eher mit Lob rechnest oder die manches gar nicht einschätzen können, keine Vergleiche haben oder sogar mit wenig zufrieden sind? Autsch, das können bittere Erkenntnisse sein. Aber, hey, du musst ja niemandem erzählen, was dir nun klar wird.

Ganz nüchtern betrachtet: Vielleicht kannst du gar nicht besonders gut kochen, aber deine Kinder haben sich daran gewöhnt und eh keine andere Wahl. Vielleicht bist du der gefeierte Designer in deinem Unternehmen, hast aber bisher nur Flyer gesetzt und noch nie eine Anzeige für Social Media gestaltet. Und deine Vorhand im Tennis ist nur deshalb eine solche Wunderwaffe gegen deinen Cousin, weil der einfach nie trainiert.

Vermutlich bist du, wie viele andere auch, bewusst oder unbewusst in manchen Bereichen deines Lebens in totalen Schutzumgebungen unterwegs. Wir alle leben mehr oder minder in sozialen und gesellschaftlichen Blasen. In vielen Fällen ist das ja auch völlig in Ordnung. Wenn der Level deiner Kompetenzen für dich ausreicht, kannst du auch auf diesem Level bleiben. Koch gerne weiter für deine Kinder, texte Flyer für die Zeitungsbeilage oder spiele Tennis gegen deinen Cousin.

Wenn du dein Level allerdings steigern möchtest, wäre es eine gute Idee, dir entsprechende Wachstumsumgebungen zu suchen und deine »Bubble« für diesen Zweck zu verlassen. Schau dir zum Beispiel Vorbilder deiner Branche oder deines Metiers an und beginne mit einem Selbstvergleich. Hole dir kritisches Feedback von Fachleuten ein, tausche dich mit Gleichgesinnten aus, stelle Fragen. Ich bin mir sicher, so manches kritische Feedback oder auch der kleine Schock, wenn du den Unterschied zwischen dir und dem Branchenstandard siehst, können dir einen enormen Lern- und Entwicklungsschub geben. Das ist dann dein Sprungbrett für das nächste Level. Dafür kannst du dich dann mit Recht selbst loben und stolz auf dich sein.

Feedback von Hellsehern

Manchmal denken sich Feedbackgeber gar nichts dabei, wenn sie mit einer Äußerung bei ihrem Gegenüber ein brisantes Thema erwischen. Wahrscheinlich ist dir das auch schon passiert, dass jemand wegen einer an sich völlig harmlosen Bemerkung völlig ausgeflippt ist. So ging es neulich auch einem meiner Freunde.

»Terry, ich bin jetzt seit vier Jahren im Vorstand unseres Instituts«, erzählte mir Sebastian. »Die Aufgabe macht mir auch Spaß und ich würde das gerne weitermachen. Bald sind bei uns wieder Neuwahlen für den Vorstand. Ich hoffe mal, dass ich wieder gewählt werde. Letzte Woche auf der Mitgliederversammlung durften Fragen gestellt werden. Und da fragt der Kollege, den ich eh nicht leiden kann, doch glatt: ›Wofür steht der Vorstand?‹ Also, da ist mir schier die Hutschnur geplatzt! Wir haben uns jetzt vier Jahre den Arsch aufgerissen, das war unter Corona alles andere als einfach. Ich weiß auch nicht, ob andere das besser hingekriegt hätten, weil man ja keinen Fahrplan für solch eine Situation hat ...«

Er erzählte und erzählte und erzählte, wie es ihm und seinen Vorstandskollegen ergangen war. Mit Sicherheit hatten sie einen heftigen Ritt mit vielen Unsicherheiten und Entscheidungen hinter sich. Sebastians Ausführungen strotzten aber eher vor Erklärungswut und -not statt vor Selbstbewusstsein.

Nachdem ich mir alles in Ruhe angehört hatte, sagte ich: »Du hast mich um meine Meinung gebeten, gell?« Er nickte. »Ich möchte ganz ehrlich zu dir sein: Ich finde die Frage deines Kollegen völlig berechtigt. Bevor ich den Vorstand noch mal wählen würde, würde ich auch diese Frage stellen: Wofür steht ihr? Da steckt ja kein Vorwurf drin. Das ist eine ganz normale Frage. Könnte es sein, dass du bei der Antwort unsicher bist? Hast du da einen wunden Punkt?«

Sebastian schwieg eine Weile und nickte dann. Er fühlte sich zum Glück nicht angegriffen, sondern spürte, dass ich es gut mit ihm meinte und ihn liebevoll auf seine eigene Baustelle und Unsicherheit hinweisen wollte. Sein Kollege hatte offenbar unwissentlich diesen wunden Punkt erwischt.

Vermutlich trägt jeder Mensch gewisse Unsicherheiten mit sich herum. Und vielleicht halten wir diese Fehlbarkeit in manchen Momenten schlecht aus, insbesondere wenn wir uns mit dem Außen vergleichen. Das ist alles oft so perfekt, sieht so makellos aus: Die Wiese des Nachbarn ist von Weitem grasgrün. Der Lebenslauf, der Karriereweg und die Vision der Kollegin erscheint so zielgerichtet, logisch und klar. Große Sorgen, Ängste und Unsicherheiten scheinen andere irgendwie nicht zu haben.

Aber: Wir sind keine Götter, wir sind Menschen. Wir haben alle unsere Grenzen und unsere Lücken. Es ist ein offenes Geheimnis, dass die Lebensläufe in Bewerbungen getunt sind. Sie sind interessant geschrieben, unpassende Teile werden weggelassen, mancher Bezug wird »hergestellt«. Die Realität sieht anders aus: Die meisten realen Lebensläufe von Menschen sind krumm oder haben seltsame Lücken, Sprünge und so manche Entscheidung war dann doch eher Zufall. Trotzdem sind diese Leute heute in dem Job, den sie tun, richtig, erfahren, erfolgreich und auch oft glücklich.

Aus meiner Sicht hat fast jeder Mensch einen »wunden Punkt« – oder gar mehrere. Manchmal wird eine solche verdrängte Wunde oder Unsicherheit dann zu einem unsichtbaren und unbewussten Knopf, den wir mit uns herumtragen. Klassiker für wunde Punkte vieler meiner Klienten sind zum Beispiel:

- »Ich habe als Einziger in der Abteilung nicht studiert.«
- »Ich habe ursprünglich etwas ganz anderes gelernt.«
- »Meine Ehe ist ein Scherbenhaufen.«
- »Ich weiß manchmal auch nicht weiter und habe keine Lösung.«
- »Ich frage mich, ob ich dafür nicht zu jung/zu alt bin.«
- »Ich weiß nicht, ob ich das noch lernen kann.«
- »Ich habe Angst, das Tempo nicht mehr durchzuhalten.«

Wie reagierst du also, wenn andere deinen wunden Punkt erwischen? Hier ein paar Denkansätze:

- In vielen Fällen ist Feedbackgebern gar nicht bewusst, dass sie auf eine deiner Wunden getippt haben. Sie werden meist überrascht sein, wie verletzt oder getroffen du bist, und haben es oft wirklich nicht so gemeint.
- Bei deinem wunden Punkt bist du so hellhörig, dass du Flöhe husten hörst. Frage besser erst noch einmal nach, was »wirklich« gesagt wurde.
- Ja, es gibt Unsympathen auf dieser Welt, die die wunden Punkte anderer für ihre Zwecke nutzen. Sie provozieren genau da, wo es

wehtut. Von solchen Menschen solltest du dich möglichst fernhalten!

- So manche Wunde will geheilt werden. Frage dich: Wie lauten die Sätze, die du überhaupt nicht hören willst? Wo sind deine wunden Punkte? Welches sind die »Knöpfe«, die andere drücken könnten? Schau sie dir alle an und kümmere dich dann darum. Lass sie nach und nach weniger werden. Mehr dazu findest du in Kapitel 7, und wenn du alleine nicht weiterkommst, suche dir Unterstützung durch einen Experten oder Coach.

Koryphäen lobt man nicht

Ich habe das große Glück, mit vielen wundervollen und inspirierenden Menschen zusammenzuarbeiten. Ob in unserer Firma, bei unseren Partnern, in unseren Ausbildungen von High Potentials und Führungskräften oder in der Medienwelt: Überall treffe ich auf engagierte Menschen und Experten, von denen man sich eine Scheibe abschneiden kann. Bei einigen von ihnen erlebe ich einen großen Hunger nach Anerkennung. Sie wünschen sich, dass man sieht, was sie leisten, und dass jemand einfach mal sagt: »Gut gemacht!«

Nicht dass diese Menschen übermäßig bedürftig wären, aber sie bekommen tatsächlich unterdurchschnittlich viel Lob. Alle sehen, dass sie ihre Sache gut machen, aber keiner sagt es. Wie kann das sein? Der Grund, warum nur wenige ihnen Anerkennung zollen, ist aus meiner Sicht schlichtweg: weil sie so gut sind! Das klingt paradox, und doch folgt es einer einfachen Logik.

Wir wissen, dass Menschen eher geneigt sind, Negatives auszusprechen und Positives unter den Tisch fallen zu lassen. Für Koryphäen, also Menschen mit herausragenden Fähigkeiten, fallen weitere Prozentpunkte der wohlverdienten Anerkennung weg – und das aus vielerlei Gründen:

Ehrfurcht: Ob Physikprofessor, Tortenfee, Vorstand, beste Mama der Welt, Sängerin oder Führungskraft: Wenn du eine Fangemeinde hast und Menschen dich für großartig halten, werden viele nach deiner Vorstellung klatschen, sie werden sich aber nicht trauen, dir auf die Schulter zu klopfen und zu sagen: »Gut gemacht!« Denn das würde bedeuten, dass sie sich anmaßen, deine Leistung beurteilen zu können. Außerdem kann Lob implizieren, dass man sich im Status über den anderen stellen möchte. Lob »nach oben« fühlt sich für den Geber also eher unangenehm an. Gerade weil du so gut bist, gibt es also eher selten Schulterklopfen.

Unwissenheit: Wenn du in deinem Bereich Expertin bist, können Leute, die nicht vom Fach sind, deine Arbeit mangels Know-how nicht wirklich bewerten. Deine Anstrengungen sieht niemand – so sehr bist du Vollprofi. Vielleicht denken andere sogar, du schüttelst das einfach aus dem Ärmel, weil du so talentiert bist. Womöglich lässt du es auch so aussehen. Wie soll einer dann sagen: »Gut gemacht!«, wenn er nicht mal sieht oder versteht, was es braucht, um diese Spitzenleistung zu erbringen?

In Gedanken: Außerdem kann es sein, dass du Menschen einfach flashst. Sie sind dann so begeistert, hin und weg, inspiriert, dass sie schlichtweg vergessen, dir zu danken oder positives Feedback zu geben. Oder es sind Menschen, die ohnehin eher in ihrer eigenen Welt leben, mit ihrem Ego im Zentrum, sodass für sie das Loben anderer nicht wirklich wichtig ist.

Nicht nötig: Möglicherweise sind die Menschen in deinem Umfeld keine geringere Leistung von dir gewöhnt. Sie denken, die Topleistung gehört zu deinem Wesen. Wenn du doch mal fragen solltest: »Wie fandest du das?«, sind sie eher verdutzt und sagen: »Äh, ist doch eh klar. Das war großartig, wie immer bei dir. Danke.« Tatsächlich glauben manche Leute, Koryphäen wüssten um ihre Qualitäten und bräuchten deswegen weder Feedback noch Lob.

The Lonesome Cowboy: Als Experte arbeitest du auf weiter Strecke eigenverantwortlich und bewältigst Probleme alleine. Du schmeißt den Laden. Ergo können andere auch nicht sehen, was du alles tust und bewältigst, wie sehr du dich einsetzt. Koryphäen kann man alleine laufen lassen, Anfänger brauchen Support, Ermutigung und Überwachung. Vieles eigenständig, still und heimlich zu bewältigen und kein Lob zu bekommen, gilt für viele Berufsgruppen: Unternehmer, Chirurgen, Verkäufer et cetera. Wer bekommt schon mit, was du wirklich auf dem Tisch hast?

Neid: Ein weiterer Grund, warum sehr erfolgreiche Menschen in unserer Gesellschaft relativ wenig Lob erhalten. Der Neid kann sich auf Geld, Haus, Auto, Boot et cetera beziehen, aber auch auf den beruflichen Status. Manche Menschen wünschen sich im Stillen, so gut zu sein wie der Erfolgsmensch, so beliebt zu sein, so viel Glück zu haben, so kompetent zu sein, ein solches Vermögen zu haben ... Sie können es einfach nicht ertragen zu sehen, wie erfolgreich jemand ist. Wie heißt es so schön: Mitleid bekommt man geschenkt, Neid musst man sich verdienen! Ich denke, da ist etwas Wahres dran und das Ausbleiben von Lob ist überhaupt kein Zeichen, dass du dir Sorgen machen solltest.

6 Feedbackturbulenzen unserer Zeit

Feedback gab es bekanntlich schon immer und ich maße mir gar nicht an zu sagen, dass es früher besser war. Wenn ich gedanklich 10 oder 20 Jahre zurückgehe, waren Menschen aus unserem Umfeld – unser Chef, die Großmutter, der Nachbar, Lehrer, Kollegen oder Klassenkameraden – relevante Feedbackgeber. Sie riefen uns etwas zu oder erzählten es uns unter vier Augen. Nur selten wurden Meinungen Einzelner publik. Wenn jemand uns also nicht besonders mochte, hat das fast niemand mitbekommen. Heutzutage kommt Feedback aus vielen Kanälen und von Menschen, die uns (fast) nicht kennen. Meinungen, Bewertungen, Rezensionen, Likes – Äußerungen zu Menschen, ihren Verhaltensweisen und Ergebnissen hängen am schwarzen Brett im Internet.

Das Internet hat andere Feedbackgeber, Feedbackwege und Plattformen auf den Plan gebracht. Außerdem hat es zu einer Beschleunigung unserer Welt beigetragen, die aus meiner Sicht ebenfalls das Feedbackverhalten verändert. Hinzu kommt, dass sich unsere Gesellschaft ständig verändert und dadurch eine neue Generation an Feedbackgebern und -nehmern entsteht, insbesondere bei den Führungskräften und Mitarbeitern. Im Folgenden greife ich ein paar dieser neuen Phänomene auf. Neugierig?

Die VUKA-Welt macht aggro

Was ist heute eigentlich noch planbar? Das fragen sich viele und fassen sich an den Kopf. Ihr Alltag ist geprägt von dauernden Unterbrechungen und starken, ungeahnten Einflüssen, die sie auch noch irgendwie händeln müssen. Nicht erst durch Corona, die Veränderung der Berufswelt durch die Digitalisierung, klimatische oder politische Einflüsse spüren wir: Man sollte stets mit dem Unberechenbaren rechnen. Die gute alte Planbarkeit hat leider ziemlich ausgedient. Manche sagen: Unsere heutige Welt spielt ganz schön verrückt. Andere fassen es mit einem Wort, besser gesagt mit einem Akronym, zusammen: VUKA. Der Begriff, der ursprünglich durch das amerikanische Militär um die Jahrtausendwende geprägt wurde, dient heute generell als Beschreibung für diese turbulenten Phänomene.[11] Wenn unsere Welt als »VUKA« beschrieben wird, ist gemeint:*

- Sie ist hoch komplex, das heißt, es herrschen immense Verflechtungen und Abhängigkeiten zwischen Menschen, Staaten, Unternehmen et cetera. Es gibt unfassbar viele und ungeahnte Einflussgrößen, die weder in ihrer Existenz noch in ihrer Wirkung und Wechselwirkung allesamt bekannt oder sichtbar sind. Komplexität lässt sich zum Beispiel gerade bei den Abhängigkeiten in Produktionsprozessen, Warenströmen und an den Lieferengpässen beobachten, die sich nach dem Ausbrechen der Pandemie ergeben haben.
- Sie ist hoher Volatilität unterworfen, das heißt, es kommt ungeahnt zu enormen Hypes oder Flauten. Wir werden von so mancher Entwicklung, die sich rasant – auch durch die Medienwelt – auf-

* Ich beschreibe die Phänomene hier bewusst in der Reihenfolge »KVAU«, weil die Bestandteile ein Stück weit logisch aufeinander aufbauen und so nachvollziehbarer werden. Die Phänomene haben an sich keine »Hierarchie«, lassen sich aber als Akronym VUKA besser aussprechen.

schaukelt, völlig überrascht. Ein plötzliches Erstarken oder auch Abfallen von bestimmten Aktienwerten ist ein Beispiel hierfür.

- Wenn wir Entscheidungen treffen, sind wir heute oft hin- und hergerissen, weil die Dinge nicht eindeutig sind. Wir verfügen über eine Vielzahl von Informationen und wenig Klarheit. Wird das autonome Fahren und die volle Elektrifizierung kommen oder sind die rechtlichen Hürden doch zu groß und die Strom- und Akkuproduktion umweltschädlicher? Wir sind hin- und hergerissen zwischen zwei einander ausschließenden Alternativen. Wir stehen mehrdeutigen Situationen gegenüber, müssen deren Widersprüchlichkeit jedoch aushalten und Entscheidungen treffen. Dann sind wir ambivalent.
- Die Trefferquote von Vorhersagen (zum Beispiel bei Wahlen) nimmt immer weiter ab. Die Zukunft vorauszuberechnen – da-

> ran scheitern wir als Gesellschaft mehr und mehr. Insbesondere Versicherungsunternehmen spüren diese Unberechenbarkeit von Ereignissen und damit auch Schäden, wodurch Versicherungspolicen bei der Absicherung mancher Risiken immer teurer werden. Das U steht also für »Unsicherheit«. Die Zukunft könnte schlechter werden, sie könnte auch besser werden. Sie wird vermutlich anders, als wir heute denken. Das ist das Resultat einer komplexen, volatilen Welt, in der Menschen vor ambivalenten Entscheidungen stehen.

Diese VUKA-Welt macht vor niemandem Halt und kostet den einen oder anderen den letzten Nerv. Der eine verliert schuldlos und unvorhergesehen seinen Job, der andere hat plötzlich Arbeit für drei. Ursprünglich wollte jemand heiraten, aber seine Partnerin wird beruflich plötzlich in ein anderes Land versetzt und das macht jede Art von Nähe schwierig. Ein anderer hat das tollste Produkt der Welt kreiert und hätte Kunden zuhauf, kann aber wegen der mangelnden Vorprodukte gerade nicht liefern und muss seinen Kunden sogar eine Entschädigung zahlen. Dauernd kommt es anders als gedacht, sowohl im Privat- als auch im Berufsleben. Die ständigen unvorhergesehenen Dinge im Alltag verlangen von uns zu improvisieren und unsere Pläne über den Haufen zu werfen und geben uns nur wenig Zeit zum Durchatmen, geschweige denn für richtige Pausen.

Was macht das mit uns? Mit unserer Gesellschaft? Die meisten Menschen sind auf diese Welt weder mental noch emotional vorbereitet. Sie hadern damit und raufen sich die Haare. Sie arbeiten nicht an sich, ihrem Mindset, ihren Fähigkeiten, ihrer emotionalen Stabilität und reagieren auf diese ständigen Wechsel und Improvisationen vor allem mit einem: Stress. Sie sind genervt, gehetzt, übermüdet, verunsichert. Sie wittern instinktiv den Säbelzahntiger und ihr Gehirn kennt dazu nur drei Modi:

1. **Totstellen:** Tatsächlich ziehen sich aus meiner Warte immer mehr Menschen zurück, geben auf und schauen lieber Katzenvideos. Sie verlieren sich in der Welt der Ablenkungen und kümmern sich um Belanglosigkeiten.

2. **Weglaufen:** Manche versuchen mit Jobwechseln oder der Flucht in Alkohol oder andere Drogen, dieser VUKA-Welt oder zumindest den zugehörigen Emotionen zu entfliehen.

3. **Angreifen:** So mancher schreit plötzlich seine Kollegen an, hetzt unnötig den Anwalt auf den Lehrer des Kindes oder schreibt eine fiese Bewertung nach der anderen im Internet. Es muss irgendwie Schuldigensuche betrieben, »ausgeteilt« und Dampf abgelassen werden.

Die VUKA-Welt ist aus meiner Sicht einer der Hauptgründe für die zunehmende Verrohung unserer Gesellschaft. Das ist keine Entschuldigung, aber eine Erklärung dafür, warum Menschen wie von Sinnen sind und dadurch andere – zum Beispiel durch fieses Feedback – verletzen. Es ist also kein Wunder, dass das Feedback schärfer und extremer wird. Oder dass immer mehr Menschen die Hutschnur platzt und ihnen anscheinend gutes Benehmen und Empathie abhandengekommen sind. Für Letzteres bräuchten sie die Kapazitäten ihres Frontalhirns, doch das ist kaum funktionsfähig, wenn der Mensch unter Druck steht.

Wer heute fieses Feedback abbekommt, ist also unter Umständen nur zur falschen Zeit am falschen Ort. Er ist nicht schuld, es ist nicht persönlich gemeint, aber er ist eben ein willkommener Sündenbock. Diese Erkenntnis macht solche Angriffe natürlich nicht besser, aber es unterstreicht einmal mehr, dass wir Rückmeldungen nicht immer persönlich nehmen oder sinnlos mit uns herumtragen sollten.

Helikopter-Chefs mit Watteballchen

Ich durfte in den letzten 10 Jahren mit über 5000 Talenten und Führungskräften aus Unternehmen arbeiten und durch die Offenheit dieser Teams Phänomene kennenlernen, die sonst nicht so leicht nach außen dringen. Daher kann ich ganz gut einschätzen, ob sich das Feedbackverhalten in Unternehmen – von Mitarbeitern und Führungskräften – in diesem Zeitraum geändert hat. Aus meiner Sicht gibt es zwei spannende Trends.

Viele Mitarbeiter – insbesondere die jungen, noch ungebundenen und besonders gut ausgebildeten – werden immer fordernder. Sie stellen immer höhere Ansprüche und zögern nicht, Kritik am Unternehmen und an ihren Vorgesetzten zu äußern, und drohen unverhohlen direkt mit der Kündigung. Bei all ihren Forderungen kommen ihnen lobende Worte oder Dank selten über die Lippen. Es hagelt stattdessen Verbesserungswünsche und Erwartungen bezüglich des Gehalts, der Zusammenarbeit, Wertschätzung oder anderen »Goodies«. Führungskräfte erzählen mir hinter vorgehaltener Hand über diese jungen Mitarbeiter: »Die vertragen keinerlei Kritik mehr und wollen die ganze Zeit verhätschelt und betüddelt werden.« Es ist eine junge Generation, die kein kritisches Feedback mehr gewohnt ist. Auf der anderen Seite ist sie süchtig nach positiven Rückmeldungen, was sie durch Social Media, Likes und Spiele gewohnt ist. In ihrer Welt ist alles sofort zur Stelle und gibt Feedback. Jetzt – im Unternehmen – soll sich daher auch alles um sie drehen.

Als Kinder von Helikoptereltern sind sie es gewohnt, ständig umsorgt zu werden, die Nummer eins zu sein und Aufmerksamkeit zu bekommen. Das fordern sie auch in der Firma. Sie sagen: »Liebe Führungskraft, ich hätte gerne dauernd Feedback zu meiner Entwicklung und ich will, dass du mich intensiv förderst. Ansonsten gehe ich!« Bei alldem übersehen die jungen Mitarbeiter, dass es eben nicht nur um sie geht und sie dem Unternehmen auch Leistung zurückgeben müssen. Die Generation Y und Z weiß allerdings um ihre gute Verhandlungsposition – der Fachkräftemangel spielt ihnen in die Hände.

Es besteht kaum ein Risiko, wenn sie hoch pokern oder auch mal den Job kündigen, wenn er ihnen nicht mehr gefällt. Ja, so mancher junge Mitarbeiter kündigt heute, selbst wenn er direkt im Anschluss keinen anderen Job in Aussicht hat. Der Mut zum Risiko – und damit auch zum scharfen Feedback und hohen Forderungen an die Unternehmen – ist bei vielen jungen Leuten heute gegeben. Ich will das weder loben noch verurteilen. Es ist einfach ein Phänomen unserer Zeit.

Und wie sieht es auf der Seite der Führungskräfte aus? Fordern auch sie heute mehr? Aus meiner Sicht fordern sie viel zu wenig! Einige der heutigen Führungskräfte sind davon geprägt, dass sie unter Dinosauriern lernen und arbeiten mussten. Das heißt, sie sind mit harter Hand geführt und regelmäßig demotiviert worden und wollen es jetzt besser machen. Sie möchten ihren Mitarbeitern mit mehr Wertschätzung begegnen, ihnen Autonomie und Entwicklungsmöglichkeiten bieten. Vor scharfen Rückmeldungen schrecken sie zurück. Aus meiner Sicht übertreiben sie es aber manchmal ein bisschen mit der Fürsorge für ihre Mitarbeiter und behandeln sie nicht wie Erwachsene.

Ein Stück weit spiegelt sich das vielleicht auch in ihrem Dasein als Helikopter-Eltern. In der Rolle als Vater und Mutter tun sie alles für ihr Kind, lesen ihm jeden Wunsch von den Augen ab, sind beim kleinsten Wehklagen in Windeseile zur Stelle, geben ihre eigenen Hobbys vollständig auf und spielen Taxi: zum Reiten, zum Gitarrenunterricht, zur besten Freundin. Sie wollen ihr Kind bestmöglich fördern und nach Kräften unterstützen.

Aus Helikopter-Eltern werden nicht selten Helikopter-Vorgesetzte. Ihrem Wunsch folgend, ihre Mitarbeiter wertzuschätzen und zu fördern – und zum Teil von der Sorge getrieben, diese würden sie bei dem herrschenden Fachkräftemangel auch noch verlassen –, verhätscheln sie ihre Mitarbeiter, packen sie in Watte und verkneifen sich kritische Rückmeldungen aus Angst, dass die Mitarbeiter die Kritik nicht vertragen (was teilweise leider stimmt). Der Begriff »Helikopter-Chef« bedeutete früher etwas ganz anderes: Damit waren Führungskräfte gemeint, die während der Arbeit plötzlich auftauchten, unfassbar viel Wind machten, alles durcheinanderbrachten, um dann wieder abzurauschen. Die neue Generation der Helikopter-Chefs ist stattdessen sofort zur Stelle, wenn ihre Mitarbeiter sie brauchen, und traut sich nicht, im Gegenzug Leistung einzufordern.

Es geht mir weder darum, die Seite der Führungskräfte noch die der jungen Mitarbeiter zu verurteilen oder eine Seite in ein besseres oder schlechteres Licht zu rücken. Es ist, wie es ist. Die Generation, die ihre Kinder so erzogen hat, hat diese jetzt eben auch als Mitarbeiter; das ist die logische Konsequenz.

Du solltest als Feedbacknehmer wissen, dass sich viele Führungskräfte nicht mehr trauen, Kritik auszusprechen. Stattdessen kann es sein, dass sie dich in Watte packen, wodurch deine Weiterentwicklung stagniert oder – noch schlimmer – du Monate später mit Konsequenzen überrascht wirst, ohne dass du eine Chance hattest, rechtzeitig reagieren oder dazulernen zu können. So mancher Chef hätte vielleicht ein wertvolles Feedback für dich, traut sich aber nicht, es dir zu sagen – aus Angst, dass du gehst, es nicht verträgst oder ihm gleich wieder mit Forderungen kommst.

Wenn du forderst, dann fordere auch aktiv ein, dass man dir auch negative Rückmeldungen zeitnah gibt. Ansonsten bekommst du womöglich nur Wattebällchen.

Fake-Feedback durch die Sterne-Mafia

Manchmal beginnt der Tag einfach doof. Eben hatte ich noch etwas schlaftrunken in der Küche an einem Kaffee genippt – zwei Minuten später stand ich hellwach auf der Terrasse und hatte meine erste Brandbekämpfung hinter mir. Im wahrsten Sinne des Wortes, denn mein Toaster war plötzlich in Flammen aufgegangen! Nach meinem wagemutigen Feuerwehreinsatz beruhigte ich mich allmählich und beschloss, den nächsten Toast einfach draußen auf den Grill zu legen.

Keine fünf Minuten später wollte ich, mit frischem Toast gewappnet, im Internet nachschauen, was an neuen Geräten auf dem Markt war. Welche Funktionen gab es denn mittlerweile? Langschlitz, Vierfach-Schlitz, Beleuchtungswechsel, Rauchmelder ...? Gab es schon ein Gerät, das den Namen auf den Toast rösten konnte?

Während ich mir Funktionen und Design anschaute, kam mein Blick an einem nicht vorbei. Ich sah sie die ganze Zeit: Sterne. Zwei Sterne hier, fünf Sterne da. Dazu Bilder von geöffneten Packungen, »Unboxing-Videos« von angeblich stolzen Käufern. Und ich konnte der Verführung nicht widerstehen und las sie: die Bewertungen. Viereinhalb von fünf Sternen bei über 150 Bewertungen – das gibt doch ein gutes Gefühl, oder? Bei einer anderen Toastermarke gab es überhaupt erst fünf Bewertungen. Eigentlich kein Wunder, denn das Gerät war ganz neu auf dem Markt. Aber zwei dieser Bewertungen hatten nur zwei Sterne ... Ja, ich sah die seltsamen Tippfehler in den schlechten Bewertungen, aber es blieben nun mal negative Bewertungen. Ich sah es schwarz auf weiß und wurde unwillkürlich vorsichtig bei diesem Gerät.

Kundenbewertungen sind ja eine Art Feedback zum Produkt. Texte und Sterne spiegeln, wie Nutzer diese Produkte im Gebrauch erleben, welche Erfahrungen sie damit gemacht und welche Eindrücke sie gewonnen haben. Angeblich stammen sie alle von echten Menschen, aber tatsächlich kann man Bewertungen kaufen. Gib doch spaßeshalber mal in die Suchmaschine »Bewertungen kaufen« ein und schau, was dir im Netz so angeboten wird. Ein Beispiel: »Seriöse Bewertungen kaufen – rechtschreibfehlerfrei und diskret!« Du kannst dir also für deine Produkte positive Bewertungen kaufen, du kannst gefakte Testsieger-Seiten anlegen, du kannst dir Preise oder Siegel überlegen und sie dir selbst verleihen, du kannst Follower kaufen und du kannst sogar Dienstleister damit beauftragen, bei deinen Konkurrenten im großen Stil negative Bewertungen zu hinterlassen. Alles nur eine Frage des Budgets.

Bewertungen und Likes sind im Internet ein riesiger Markt, der ganz eigenen Dynamiken folgt und mit echten Usern kaum noch etwas zu tun hat. Firmen, die Bewertungen schreiben und anbieten und deren Briefkästen gerne an Orten wie Malta, den Kaiman-Inseln und Jersey hängen, sprießen immer noch aus dem Boden. Aber sie sind nicht die einzigen Gewinner. Die meisten Plattformen, auf denen wir Dienstleistungen oder Produkte präsentieren oder Nachrichten posten, haben selbst Geschäftsmodelle entwickelt, durch die man ein gutes Ranking oder ein spezielles Siegel gleich »mitkaufen« kann, ohne es durch die Qualität eines Services oder Produkts verdient zu haben. Das betrifft sowohl die Bewertung von Toastern, Musikvideos und Büchern wie auch Likes auf Social-Media-Accounts und zu einzelnen Postings (dazu kommen wir gleich) und natürlich Dating-Angebote, Unternehmen, Ärzte und Kliniken, Urlaubsorte und vieles mehr.

Reale und gefakte Bewertungen oder Gütesiegel lassen sich immer weniger voneinander unterscheiden. Was für dich als Toaster-Käufer vielleicht »nur« Verbrauchertäuschung ist, kann für den Hersteller des Toasters ein echter Krimi sein und sein Unternehmen existenziell bedrohen. Das Online-Image ist in der heutigen Zeit ungemein wichtig geworden und entscheidet manchmal darüber, ob ein Unternehmen bestehen kann oder untergeht.

Eigentlich wissen die meisten, dass viele Online-Bewertungen reine Täuschung sind; News und Meldungen dazu gibt es zuhauf. Dennoch sehen wir weiterhin die Sterne, wenn wir durchs Netz surfen, shoppen, uns informieren oder entertainen lassen – und es fällt uns schwer, diese Bewertungen gänzlich auszublenden. Siegt am Ende noch deine Rationalität, wenn du aufgrund von Sternen bereits unbewusst ein Bauchgefühl bezüglich Toastern oder Hotels entwickelt hast? Ist es nicht verlockend, der Bestenliste in Zeitschriften zu glauben?

Das Problem ist leider auch: Wir haben meist keine anderen Qualitätseindrücke als diese Bewertungen im Netz. Selten schauen wir uns im Laden etwas noch live an. Somit können wir nur hoffen, dass manches vermutlich nur teilweise ein Fake ist. Zumindest können wir unterschiedlichen Bewertungshinweisen im Internet nachgehen und zur Not von unserem Rücktrittsrecht Gebrauch machen, falls wir doch einer Täuschung unterlegen sind.

Machen wir uns nichts vor: Das Internet ist ein Marketingkanal. Rezensionen und Likes stellen gute Chancen dar, um überregional bekannt zu werden, aber diese Chancen gibt es heute, insbesondere durch den Fake, nicht mehr umsonst. Wir müssen uns proaktiv intensiv kümmern, dass »unser Laden« im Netz ansprechend ist und sauber bleibt. Das braucht Manpower und/oder Marketingbudget.

Wenn wir durch Fake-Bewertungen unserer Produkte, Services oder der Firma als Ganzes betroffen sind, gilt es, diese Bewertungen natürlich »reaktiv« zu »managen«. Hierfür braucht es vermutlich ein extra Budget, denn solche Vorkommnisse müssen wir ernst nehmen, schnell darauf reagieren, freundlich bleiben, uns um Klärung bemühen, Fans mobilisieren, Fakes und Betrüger aufspüren, abmahnen lassen, Bewertungen kommentieren und vieles mehr. Ein professionelles Beschwerdemanagement ist heute mehr denn je eine gute Idee für viele Unternehmen. Dazu werden auch Ausbildungen angeboten. Zudem kann man zur Unterstützung die Zusammenarbeit mit einer PR-Agentur aufnehmen.

Wenn Einzelpersonen von Fakes oder unlauteren Methoden betroffen sind, können auch sie sich helfen, anwaltlich beraten oder durch eine Agentur unterstützen lassen. Sich in einem solchen Fall Hilfe zu holen, sorgt dafür, dass wir uns nicht ohnmächtig fühlen und uns emotional überwältigen lassen.

Also, wie kannst du eine Ein-Sterne-Bewertung auf Google emotional gut verarbeiten?

- Mache dir klar: Bewertungen sind ein Geschäft. Nicht mehr, nicht weniger.
- Nimm es nicht persönlich.

- Du bist nicht allein: Viele großartige Unternehmer, Politiker und Stars müssen sich täglich verletzende Kommentare anhören. Vielleicht kannst du dich mit ihnen vernetzen und von ihnen lernen, wie sie mit so etwas umgehen.
- Du hast mehr als nur eine Chance. Eine Chance könnte sein, zunächst zu schauen, ob es einen nachvollziehbaren Grund für die Kritik gibt und ob du das »heilen« kannst. Kannst du einen Kommentar als Antwort verfassen und die Sache damit aus der Welt schaffen? Das Zauberwort heißt »Kommunikation«: Durch gegenseitigen Austausch ist schon so mancher Kritiker zum Fan geworden.
- Mobilisiere und verbinde dich mit deinen »Fans«: Kannst du zum Beispiel dir wohlgesonnene Kunden kurzfristig dazu bringen, ebenfalls Bewertungen für dich oder deine Produkte zu hinterlassen? Oft gilt ja ihre Devise »still zufrieden«, aber an der Stelle tun sie dir vielleicht einen Gefallen – und damit auch gleich zwei. Allein ihre Zugewandtheit wird dir helfen, den Angriff durch die Ein-Sterne-Bewertung emotional lockerer zu sehen.
- Umgib dich mit realen Menschen, am besten mit solchen, die dich lieben. Da ist kein Fake. Mache dir damit klar: Das Internet mag zwar wichtig sein, aber es ist nicht das ganze Leben.
- In ein paar Monaten wirst du darüber lachen. Glaubst du nicht? Lass dich überraschen!

Asoziale Medien und eklige Unwetter

In den sozialen Medien stellen wir uns dar und vernetzen uns. Wir teilen Texte, Bilder oder Videos über uns oder andere – und kommentieren, teilen Content und urteilen darüber, was uns gefällt oder nicht. Auch hier geht es also um Rückmeldungen, um Bewertungen, um Meinungen, oft vermischt mit wahrheitsgemäßen Informationen, Fake News und Gerüchten. Dabei geht es nicht um Toaster. Es

Das darf doch nicht wahr sein: Ich ziehe nur kurz die Schuhe aus – und schon bekomme ich Werbung für Raumsprays und Einlegesohlen mit Aktivkohle.

geht um Max und Annemarie. Oft geht es auch um eine Organisation als Ganzes. Ziel oder Spekulationsgegenstand in den sozialen Medien sind weniger Produkte oder Serviceleistungen, sondern hauptsächlich Einzelpersonen oder Unternehmen.

Dabei sind diese sozialen Medien alles andere als echt. Wir sind zwar die Protagonisten, aber unsere Interaktionen sind Algorithmen unterworfen, die andere Züge haben, als wenn Menschen natürlich miteinander agieren. Sie sind außerdem ein künstlicher Ausstellungsraum für getunte Texte, schicke Fotos und mühsam erstellte Image-Videos, die uns und anderen etwas vorgaukeln. Feedback kann man dort also sowieso nie als Mensch erhalten*, sondern immer nur

* Feedback als »Gesamtperson« zu erhalten, ist ja in der Realität schon nicht möglich, da der Feedbackgeber immer nur bestimmte Aspekte des Feedbacknehmers sieht und interpretiert.

auf einen gefakten oder getunten Ausschnitt seiner selbst. Das ist insbesondere für Jugendliche ein Problem, die gerade in der Pubertät viele Vergleiche anstellen und häufig gegen einen übersteigerten virtuellen Perfektionismus antreten. Das birgt ein hohes Potenzial für Minderwertigkeitskomplexe.

Noch gefährlicher als diese Scheinwelt finde ich die Eigendynamik der sozialen Medien. Wer hat da nicht alles schon ordentlich etwas abbekommen? Häme, Beleidigungen, Drohungen. Zu so manchem Thema türmen sich regelrecht kontroverse Meinungen und sogar Hass auf, der jeglichen Bezug zu Anstand und Respekt verloren hat und oft rechtswidrige Auswüchse annimmt. Berühmte Namen von Betroffenen gibt es viele: Dunja Hayali oder Renate Künast genauso wie Jörg Kachelmann und Dr. Karl Lauterbach können wohl ein (Klage-)Lied davon singen. Menschen, die sich öffentlich für etwas einsetzen oder durch ihre Prominenz stärker in der Öffentlichkeit stehen, sehen sich auch online rasch widerlicheren Kommentaren oder Fake News ausgesetzt, die sich rasant verbreiten. Unter den bekannten betroffenen Unternehmen finden sich Firmen wie Nestlé, die ING DiBa, Deutsche Bahn, Dell, H&M oder Adidas.[12] Weniger bekannt, dafür aber genauso ein Opfer derselben Mechanismen sind Kinder, die von ihren Mitschülern offline und später durch viele andere online geschmäht werden und Cybermobbing erleben.

Der gewaltige Unterschied zwischen gefakten Produktbewertungen und den Bewertungen und Kommentaren in den sozialen Medien zu Personen ist ein anderer und hat tatsächlich oft etwas mit Gewalt zu tun: Im Unterschied zu den Sterne-Bewertungen ist in den sozialen Medien besonders brisant, dass sich dort die Feedbacks anderer im Nu aufschaukeln können. Candy- oder Shitstorms entstehen schneller, als man gucken kann. Aber warum eigentlich?

Kommunikationsplattformen wie Facebook, Twitter und Co haben Technologien entwickelt, die dafür sorgen, dass wir als User viele Informationen gar nicht erst suchen müssen. Im Gegenteil. Die Plattformen sind so konstruiert, dass sie uns das präsentieren, was uns vermeintlich interessiert, und zwar ganz und gar ungefragt. Was total hip oder emotional aufgeladen ist, wird von den sozialen Medien gepusht und auch solchen Menschen auf den Screen geschickt, die diese Information, das Thema oder die Person gar nicht auf dem Schirm hatten. Ob diese Informationen wahrheitsgetreu oder fair sind, ist für die sozialen Medien weniger relevant, als dass sie sich bitte rasant verbreiten und dadurch Bewegung unter den Usern auslösen mögen. Jeder »Konsument«, der auf diesen News verweilt, sie möglicherweise auch noch selbst teilt, speichert, likt oder danach weiter recherchiert, trägt zur Erhöhung der Relevanz dieser Themen bei. Für die Plattformen sind solche starken Themen und aktive User ein absoluter Gewinn. Sie verdienen Milliarden mit Werbung, die ausgestrahlt wird, während wir emotionalisiert oder zumindest interessiert auf lustige Videos, bissige Kommentare oder herzergreifende Informationen über andere starren.

Doch damit nicht genug. Was auf Facebook plötzlich die Herzen höher schlagen lässt, darf von anderen Plattformen, der Presse und der restlichen Medienwelt nicht unberücksichtigt bleiben. Schließlich muss man auch hier am Puls der Zeit sein. Sie berichten dann ebenfalls gerne, ergänzen oder bemühen sich um Richtigstellung – und so schüren die Massenmedien weiter die Aufmerksamkeit der Bevölkerung und weiterer Medien auf ein Themenfeld, eine Meinung oder eben eine Person oder Firma.

Durch das Pushen, Teilen, Verweilen und Kommentieren emotional aufgeladener Texte, Bilder und Videos wird das unschöne Phänomen der viralen Verbreitung von Meinungen möglich, die in kurzer Zeit in Hypes oder Shitstorms münden können. Als »Shitstorm« bezeichnet man lawinenartig auftretende negative Kritik an einer Person oder einer Organisation, die leider meist mit Kommentaren jenseits von Anstand gespickt ist und sowohl Beleidigungen als auch Drohungen enthält.

Unterstützt wird diese Dynamik noch durch das David-gegen-Goliath-Prinzip: So bekommen Kommentare von unbekannten Einzelpersonen, die als »Anklagende« auftreten, eher Unterstützung als das Unternehmen oder der Prominente, da man den vermeintlich Schwächeren meint stärken zu müssen. Wahrheit oder Fairness spielen weniger eine Rolle, als dem Anklagenden die Daumen zu drücken, ob er oder sie nun recht hat oder nicht. Leider treten viele dieser »Davids« anonym oder mit Fake-Accounts auf und äußern sich tendenziell ungehaltener und roher, als wenn sie dieses von Angesicht zu Angesicht oder unter Zeugen tun würden.

Was bei einem Shitstorm passiert, ist einfach eklig: Der wohl allein in Deutschland gängige Begriff »Shitstorm« wird von vielen als passende Beschreibung erlebt, da hier bildlich gesehen Scheiße mit einem Ventilator klein geschreddert und in Windeseile verteilt an die Wände und Aushänge unserer Gesellschaft fliegt, wo sie wie Flugblätter die Aufmerksamkeit von zufällig vorbeieilenden und plötzlich angeekelten Passanten »genießt«.

Betroffene beschreiben diese Lawine auch als Welle des Hasses. Sie empfinden es als gewaltig, was sich da plötzlich aufbaut, und erleben es zu Recht als psychische Gewalt.

Sehr empfehlenswert finde ich zu diesem Thema die Lektüre von Nicole Diekmann. In ihrem Buch *Die Shitstorm-Republik. Wie Hass im Netz entsteht und was wir dagegen tun können*[13] schildert die Hauptstadtkorrespondentin des ZDF zunächst, wie sie selbst einen solchen Shitstorm erlebt und verarbeitet hat. Außerdem erläutert sie die Hintergründe und das Zusammenspiel unterschiedlicher Faktoren wie Politik, Medien, Journalismus sowie Geschäftsmodelle und Vorgehensweisen der Technologiekonzerne, die insgesamt zu solchen Wellen des Hasses beitragen beziehungsweise ihr fast nichts Wirkungsvolles entgegenzusetzen haben. Aus ihrer Sicht unterschätzen viele Politiker den Einfluss der Mechanismen dieser Online-Medienwelt und damit deren Bedrohungspotenzial für unsere Gesellschaft. Ich kann ihr nur beipflichten und empfinde unsere Politik derzeit noch sehr überfordert bei der Regulierung dieser Kräfte. An vielen Stellen hinken wir mit Gesetzesvorhaben den aktuellen Fehlentwicklungen oder technologischen Sprüngen hinterher.

In meinem Podcast »Die neuen Helden« habe ich im Dezember 2020 ein spannendes Interview mit Reza Zanjani geführt, einem Experten für Zukunftstechnologien, der sich mit Trends bei der Digitalisierung und beim sogenannten Internet of Things beschäftigt. Er warb inständig dafür, sich als Gesellschaft massiv um ethische Fragestellungen zu kümmern. Und zwar nicht irgendwann, sondern jetzt. Er sagte, bei all dem, was er für die nächsten Jahre als Möglichkeit sehe, könne einem angst und bange werden.

Neben der Nutzung der digitalen Medien sollten wir uns alle mit den Auswirkungen dieser Technologien auf unser Leben beschäftigen und uns fragen, wie wir leben wollen, welchen Fortschritt wir zulassen, wo und wie wir Grenzen setzen möchten, bevor es zu spät ist. Bei den sozialen Medien, die ja nicht nur Shitstorms produzieren, sondern auch Wahlen beeinflussen und vermutlich verfälschen können, ist es nun wirklich »nach zwölf«!

Die ausführliche ethische Auseinandersetzung mit diesem Thema sollte Hallen, politische Diskussionen oder zumindest ein ganzes Buch füllen und gehört nicht an diese Stelle. Dennoch war es mir wichtig, einige Zusammenhänge anzureißen, um dir als möglicher Betroffener eines Shitstorms oder Cybermobbings klarzumachen, dass es hierbei tatsächlich um große Fragen der Gesellschaft geht und weniger um dich als Einzelperson. In dieser großen Diskussion ist der Einzelne als Auslöser doch eher ein kleines Licht. Wenn du fieses Feedback abbekommst, ist weniger deine Handlung gemeint. Die Gründe liegen vielmehr in der zunehmenden Digitalisierung und Verrohung unserer Gesellschaft, den wirtschaftlichen Bestrebungen diverser Plattformen, ihrer Algorithmen und dem noch langsamen Agieren der Politik. Du bist leider das Bauernopfer einer ungelösten Situation. Das macht aggressives Feedback nicht ungeschehen, aber vielleicht ein bisschen weniger persönlich.

Was können wir in einem solchen Fall als Betroffene tun?

Sei dir des Spiels bewusst, sei wachsam, risikobewusst und provoziere nicht

Jeder, der Teilnehmer dieser sozialen Medien ist, kann potenziell Opfer solcher Hasstiraden werden. Wer zudem Aussagen trifft, die emotional aufgeladen oder provokativ sind, erhöht die Wahrscheinlichkeit solcher Turbulenzen.

Zumindest bezogen auf Unternehmen sagen mache, ein Shitstorm gehöre heute fast schon zum guten Ton. So manchem gereichen sie im Nachhinein sogar zum Vorteil, weil sie Fans mobilisieren oder durch das »Eingehen« auf die Ankläger an Reputation gewinnen. Vielleicht versucht der ein oder andere auch, mithilfe einer geplanten Kampagne einen Candystorm für sich oder einen Shitstorm für den Gegner zu provozieren. So etwas gezielt zu versuchen, gleicht aus meiner Sicht aber einem Ritt auf der Rasierklinge, da diese Stürme auch schnell eine Eigendynamik entwickeln und sich nicht kontrollieren lassen. Ich kann das Triggern eines Shitstorms nicht befürworten!

Danke für nix!

Im Internet kursieren zahlreiche Anleitungen, wie man mit Shitstorms umgeht. Einen Tipp möchte ich hier besonders in Augenschein nehmen und kritisch betrachten. Tatsächlich steht in den meisten Anleitungen, man solle die Meinung anerkennen, Verständnis zeigen und darauf eingehen. Puh, das kann mal angemessen sein, muss es aber nicht.

Hast du vielleicht das Gefühl, inhaltlich einen Fehler gemacht zu haben, oder kann es tatsächlich sein, dass dein Verhalten jemand anderen – ob beabsichtigt oder nicht – benachteiligt hat? Falls ja, ist eine Richtigstellung oder Entschuldigung vielleicht wirklich sinnvoll. Tue dies sehr bewusst, mit klaren, eindeutigen Botschaften, versuche nicht weiter provozieren. Hole dir für die Formulierung gerne Unterstützung oder zumindest den Blick eines neutralen Dritten, damit du nicht gleich die nächste Provokation lostrittst. Eine kluge und zügige Reaktion kann helfen, die Energie der Hater aus dem Thema zu ziehen.

Doch viele Shitstorms entzünden sich nicht, weil sich der Protagonist nicht »richtig« verhalten hat, sondern weil unverschämte, anonyme User ablästern wollen und Spaß dabei empfinden, andere an den Pranger zu stellen. Es ist aus meiner Sicht für die Opfer solcher Schmähungen oder Verleumdungen verhöhnend, ihnen zu raten, Verständnis zu zeigen und die Meinung der Hater anzuerkennen. Meine Haltung ist daher: »Danke für nix!« und »Nicht mit mir!«.

Wäge klug ab und hole dir Rat

Auch wenn man den Wunsch hat, all das ganz schnell zu unterbinden, würde ich davon abraten, aus der Emotionalität heraus direkt (selbst und allein) zurückzuschlagen oder zu schreiben. Egal, ob du dir einer Schuld bewusst bist oder völlig ungerechtfertigt am Pranger stehst: Das Ziel ist das möglichst schnelle Beenden der Diskussion! Dafür gilt es, eine weitere Provokation zu vermeiden.

Außerdem solltest du schauen, dass du nicht selbst aus einer Mücke einen Elefanten machst und, statt etwas klein zu halten, genau das Gegenteil erreichst. Bei Promis kennt man dieses Phänomen unter dem Begriff »Streisand-Effekt«. Barbra Streisand hatte einst durch eine Klage gegen einen Fotografen, der ihr Haus abgelichtet hatte, dafür gesorgt, dass die breite Öffentlichkeit wusste, wo sich ihr Anwesen befand.[14]

Also, hole dir am besten die Einschätzung von anderen ein. Prüft gemeinsam, ob überhaupt Handlungsbedarf besteht. Auch wenn es vielleicht nicht fair ist, was da gegen dich läuft, willst du sicherlich strategisch klug handeln und Schaden abwenden, anstatt noch mehr Wirbel zu machen.

Wehre dich, wenn nötig!

Vielleicht denkst du: »Wie soll ich mich denn gegen einen Shitstorm wehren? Schließlich gilt hierzulande die Meinungsfreiheit.« Moment. Die Bundesministerin für Justiz und Verbraucherschutz Christine Lambrecht sagte dazu: »Die Meinungsfreiheit endet, wo das Strafrecht beginnt.«[15] Und vieles von dem, was im Internet unter die Gürtellinie geht und gegen Personen gerichtet ist, ist tatsächlich strafbar und war noch nie von der Meinungsfreiheit gedeckt. Die Meinungsfreiheit endet dort, wo sie andere Rechte verletzt. Unter anderem endet sie am Recht der persönlichen Ehre. Das bedeutet, dass Beleidigungen, Erniedrigungen und Verleumdungen nicht unter die Meinungsfreiheit fallen.«[16] Die Androhung von Gewalt sowie Morddrohungen sind ebenfalls keine Meinung und strafbar.

Im Jahr 2021 trat als Reaktion auf die Problematik der Hetze und Verrohung im Internet ein »Gesetzespaket gegen Hass und Hetze im Internet« in Kraft, das nicht nur Politiker oder Rettungskräfte bestärkt, sondern auch jeden Bürger unseres Landes.[17] Dieses Gesetz erhöht die Strafen für Beleidigung, üble Nachrede oder Drohungen aufgrund des größeren Verbreitungseffekts im Internet. Außerdem verlangt es zukünftig von Plattformbetreibern, dass diese Mord- und Vergewaltigungsdrohungen selbst dem Bundeskriminalamt melden. Auch sind sie verpflichtet, die Daten »hetzender« User zur Verfügung stellen und mit den Behörden zusammenarbeiten. Dadurch werden Opfer psychischer Gewalt gestärkt und bestärkt, sich zur Wehr zu setzen. Unstrittig ist natürlich, dass die Nachverfolgung oftmals schwierig, langwierig und aufwendig ist und die Zusammenarbeit zwischen den Technologiekonzernen und Behörden schleppend bis gar nicht funktioniert.

Trotzdem kann es helfen, den Sachverhalt mit einem Anwalt zu besprechen und bestimmte User anzuzeigen. Du signalisierst deinem Umfeld und vor allem dir selbst damit klar: »Das lasse ich nicht mit mir machen!«

Umgib dich mit Realität und guten Menschen

Wenn wir wie vor einer Schlange gebannt vor dem Bildschirm unseres Smartphones sitzen und eine Menge an fiesen Kommentaren gegen uns lesen, kommen wir leicht auf Ideen wie: »Das ist die Welt. Und sie hat sich gegen mich verschworen.« Umgeben wir uns daher möglichst schnell mit echten Menschen, am besten mit Menschen, die uns wohlgesonnen sind. Familie, Freunde, Arbeitskollegen können das »wahre« Leben widerspiegeln, uns Halt geben und helfen zu sehen, dass die sozialen Medien nur ein künstlicher oder virtueller Ort sind. Das bringt uns ins Hier und Jetzt und vermittelt Nähe, Verbundenheit und Halt. Diese Nähe und andere Achtsamkeitstechniken helfen nicht nur, fiese Momente auszuhalten und uns zu stabilisieren, den Säbelzahntiger mental kleiner werden zu lassen, sondern auch einen kühleren Kopf zu bewahren, wenn es um die Bewältigung und um die Maßnahmen geht, die wir ergreifen wollen.

Nimm dir eine Auszeit von Social Media

Einige der Social-Media-Profis, die online einer Attacke ausgesetzt waren, haben sich aus zweierlei Gründen entschlossen, ihre Kanäle für eine Zeit oder auch für immer ruhen zu lassen. Auf der einen Seite widmeten sie sich stark dem »echten« Leben und wollten sich bewusst klarmachen, wie viel mehr die Welt »da draußen« zählt, wie viel wichtiger echte Freunde statt Follower sind und wie viel stärker das eigene Kontrollempfinden im wahren Leben ist – gegenüber diesen sozialen Medien mit versteckten Codes und verdeckten Usern. Auf der anderen Seite haben viele die Erfahrung gemacht, dass man bei einem Hype oder Shitstorm vielleicht große Aufmerksamkeit genießt, diese aber aufgrund anderer Aufreger in unserer Gesellschaft auch schnell wieder vorbei sein kann. Was gestern noch dramatisch war, hat eine Woche später fast jeder wieder vergessen. Kanäle ruhen zu lassen oder neu aufzubauen heißt, Gras über die Sache wachsen zu lassen. Verrückterweise wächst dieses Gras gerade im Internet sehr schnell.

Da mache ich nicht mit!

Natürlich kannst du auf die Accounts in den sozialen Medien verzichten. Das ist sicherlich eine Option. Eine andere Option ist es, bei den »Aufregern des Tages« schlichtweg nicht mitzumachen. Nicht in der Kaffeeküche, aber schon gar nicht in den sozialen Medien. Denn letztlich können wir durch Klicks, Likes oder Shares dazu beitragen, dass Shitstorms entstehen. Auch wenn wir manchmal bei unserer täglichen Alltagsflucht vor so mancher Aufgabe oder Überforderung gerne die brandneuen Nachrichten des Tages anschauen, diese mit anderen teilen oder unsere Meinung kundtun wollen, werden wir jetzt vielleicht vorsichtiger.

Politisch sollten wir darauf drängen, dass die Technologiekonzerne unliebsame virale Kräfte durch einen noch intelligenteren, humaner gestalteten Code abfangen und Hass, Hetze und Straftaten technologisch erkennen und unterbinden.

Gibt es auch positive Shitstorms? Ja, diese nennt man Candystorms. Gerne unterstützen, liken, pushen – sie zaubern ein Lächeln aufs Gesicht!

Agilität: Fail fast feels beschissen!

Rudi betrat den Saal, sah mich und kam direkt auf mich zu. Wir kannten uns aus einem Führungsseminar vor zwei Jahren und ich freute mich, ihn wiederzusehen. Er schüttelte mir die Hand, wirkte aber irgendwie geknickt während unseres kurzen Smalltalks. Dann lachte er höhnisch und sagte: »Du hast bestimmt gehört, dass wir in unserer Entwicklungsabteilung jetzt auch agil sind ... Ja ja, alles gut und schön. Aber weißt du: Da war ich eben in einem Meeting mit dem Kunden, um ihm den Prototypen für den neuen Automaten zu präsentieren. Da bist du ja manchmal sprachlos, was denen alles so einfällt, wenn die Feedback geben. Am liebsten hätte ich gesagt: ›Flie-

Ich habe mal versucht, die Themen, die Ihnen so wichtig sind, in meine Excel-Tabelle zu übertragen...

gen soll das Ding auch noch, ja?‹ Zwei Wochen Arbeit völlig für den Eimer. Noch mal alles von vorne!«

Auch du hast vielleicht schon von sogenannten agilen Methoden gehört. Sprint, Scrum, Design-Thinking, Retro und ähnliche Begriffe haben in den letzten Jahren in vielen Unternehmen Einzug gehalten. Organisationen versuchen damit, wettbewerbsfähiger zu werden und bürokratische Abläufe, vor allem in der Software- und Produktentwicklung, durch schnellere und effektivere Entwicklungsprozesse zu ersetzen. Agilität – das Wort klingt erst einmal positiv, irgendwie flexibel, schnell, sportlich und modern. In manchen Unternehmen ist es allerdings schon das Unwort des Jahres und wird ketzerisch als ein Synonym gebraucht für: »Stell dich nicht so an, wenn wir keine Strategie haben, alles unkoordiniert ist und wir alles schnell wieder über den Haufen werfen!«

Wer sich näher mit dem Begriff beschäftigt, merkt schnell, dass es sich bei Agilität nicht nur um ein bestimmtes Mindset handelt, sondern sie klare Methoden umfasst, die oft mehr Disziplin benötigen und strikter durchzuführen sind, als viele es bisher in ihrem eher autarken Arbeitsalltag gewohnt waren. Außerdem erkennt man, dass es hier nicht nur um Methoden geht, sondern auch um andere Prioritäten und um eine ganz andere Haltung in der Zusammenarbeit. Agilität bedeutet für viele Mitarbeiter und Führungskräfte ein komplettes Umdenken.

Eine unnötige langfristige Planung im hohen Detailgrad und feste Meilensteine für die nächsten Monate werden vermieden. Stattdessen wird zum Beispiel die Abstimmung in Bezug auf das Jetzt und die nächsten Schritte intensiver. Die eigene Rolle verändert sich und die Abläufe in der Zusammenarbeit mit Kunden, Partnerunternehmen und Kollegen werden völlig anders. Bei manchen Unternehmen hat sich zum Glück schon herumgesprochen, dass die Umstellung auf agile Prinzipien gar nicht so einfach, vielleicht doch kein Allheilmittel und manchmal gar nicht angebracht ist.

Ich bin nicht für und auch nicht gegen agile Prinzipien. Ich finde, es ist wie beim Esslöffel im Besteckset: Der Löffel ist eine Möglichkeit zu essen und keine Wunderwaffe. Der Löffel kann sinnvoll sein, je nachdem was du auf dem Teller hast. Bei Agilität sehe ich das genauso: Je nach Branche und Unternehmensart können agile Prinzipien angemessen sein oder eben auch nicht. Auf jeden Fall muss man sie aber trainieren – wie das Essen mit dem Löffel. Beides klappt in der Regel nicht auf Anhieb.

Zwar ist es mir leider nicht möglich, in diesem kleinen Kapitel die komplette agile Welt zu skizzieren, ich möchte dich aber mit einem sehr relevanten Aspekt in dieser Arbeitsweise vertraut machen, der natürlich etwas mit der Feedback-Misere zu tun hat:* Überspitzt und extrem vereinfacht zeichne ich im Folgenden in einem Beispiel den Unterschied zwischen der klassischen und einer agilen Arbeitsform.

Die klassische Welt: Ein Ingenieur der Abteilung Produktentwicklung wird Projektverantwortlicher und bekommt den Auftrag für die Entwicklung eines Toasters. Er entwickelt mit großem Zeitaufwand einen ausgeklügelten Projektplan für die nächsten Monate, schließt sich dann neun Monate mit zwei Kollegen ein – zumindest sieht kaum jemand Zwischenergebnisse ihrer Arbeit –, er versucht, trotz neuer Entwicklungen irgendwie am Projektplan festzuhalten, hat nur minimalen Kontakt mit Nachbarabteilungen, holt sich nur Feedback ein, wenn es ihm ratsam erscheint, und nach neun Monaten präsentiert er sein Baby: das fertige Produkt. Farbe, Material, Funktionen, Preis, Verpackung, Produktionsmethodik et cetera – alles steht fest. Die Produktion kann beginnen! Die Marketingabteilung erfährt erst kurz vor der Produktion von ihrer Aufgabe, soll für das neue Gerät nun Kampagnen schalten, kann sich aber auf die Besonderheit des Toasters keinen Reim machen und ärgert sich, weil sie gerade keine Ressourcen hat. Drei Monate später zeigt sich, dass der Toaster den Kunden zu teuer ist, die Farbe nicht gefällt, eine Ansteuerung per Smartphone-App fehlt. So wird der Toaster zum Ladenhüter.

Die agile Welt: Das beschriebene Szenario – angefangen beim ausgeklügelten Gesamtprojektplan bis zum Ausgang der Geschichte – ist hier undenkbar, denn Feedback und Austausch mit den Stakeholdern (Betroffenen) und die Anpassung des laufenden Entwicklungsprozesses sind absolut entscheidend. Dabei gilt unter anderem ein wichtiges

---

* Das Thema Agilität an sich, die verschiedensten Prinzipien, Praktiken und Haltungen füllen ganze Bücherregale. Einen tieferen Einblick in das Thema bietet zum Beispiel das Buch von André Häusling (2019): *Praxisbuch Agilität: Tools für Personal- und Organisationsentwicklung.* Stuttgart: Haufe. Meine Empfehlung: Lies nicht nur Bücher zu diversen Methoden von befürwortenden Autoren, sondern beschäftige dich auch mit den kritischen Stimmen und typischen Fallstricken, um dir ein umfassendes Bild zu machen, bevor du mit der Einführung solcher Methoden beginnst. Falls du Unterstützung suchst, findest du bei Maxeiner & Nagel Experten für agiles Arbeiten.

Prinzip: »Fail fast, fail often.« Das Prinzip des schnellen Scheiterns bedeutet für den Ingenieur und sein Team, während des gesamten Entwicklungsprozesses immer wieder Ideen und Zwischenstände zu präsentieren, Skizzen und Prototypen von Kunden und anderen Abteilungen testen zu lassen, Feedback einzuholen und auf dieser Grundlage den nächsten kleinen Schritt zu gehen, der dann wiederum validiert wird. »Niemals zu lange in die falsche Richtung laufen« lautet die Devise. Außerdem erarbeitet der Ingenieur alles in einem möglichst gemischten Team, in dem auch Kollegen aus dem Marketing, dem Controlling und dem Vertrieb sitzen. So wird erreicht, dass in enger Abstimmung mit anderen Abteilungen und dem wirklichen Kundenwunsch das beste Produkt in kurzer Zeit erschaffen werden kann, ohne an etwas zu arbeiten, das nachher nicht passt oder nicht gewünscht ist.

Was logisch und sinnvoll klingt, ist in der Praxis allerdings für viele eine enorme Herausforderung. Es braucht in der agilen Welt nicht nur neue Abläufe, viele klärende Gespräche zwischen den Beteiligten und neue Rollenverständnisse – Agilität braucht vor allem eine völlig neue und intensivere Feedbackgeber- und Feedbacknehmerkompetenz! Denn schnelle und fortlaufende Feedbackschleifen sind für das agile Arbeiten konstitutiv. Hier ein paar Facetten aus der neuen Feedbackwelt.

Häufiges Feedback

Was bisher so mancher Projektmitarbeiter, Ingenieur, Softwareentwickler oder anderweitige Experte in einem Jahr an Feedback bekam, bekommt diese Person durch die Umstellung auf agile Prinzipien in einem Monat oder sogar in einer Woche. Ständig stehen Entwürfe auf dem Prüfstand, ständig stimmt man sich mit anderen Experten ab und holt ihr Commitment ein, um den nächsten Schritt zu gehen. »Fail early« bedeutet: Es gibt viele Möglichkeiten für »Daumen hoch« und auch für »Daumen runter«. Das sind die Mitarbeiter der alten Schule gar nicht gewohnt.

Andauernde Einmischung

Einige erleben es als kränkend, wenn dauernd in ihren Prozess eingegriffen wird, sie nicht mehr autark über die nächsten Schritte entscheiden können und ständig von der Einschätzung oder Meinung anderer abhängig sind. Vorher galten sie noch als selbstständige Experten, jetzt müssen sie sich enorm nach anderen richten. Echte Teamarbeit ist gefragt und diese braucht Kompromissbereitschaft und Durchhaltevermögen, wenn in so mancher Sitzung wieder mal intensiv gerungen wird.

»Das war für die Tonne!«

Die Häufung an Lob und Kritik bringt viel Veränderungsbedarf mit sich. Für den Entwickler bedeutet das, das eigene Baby, seine Idee oder seinen Prototypen immer wieder ein Stück weit oder auch komplett loszulassen und nach den Vorstellungen anderer zu designen. Es kann schmerzhaft sein, etwas zu revidieren, wovon man voll und ganz überzeugt war und in das man viel Arbeitskraft und Leidenschaft investiert hat. Das kennst du sicher auch. Es ist, wie wenn du einen Kuchen backst. Du hast ihn noch nicht im Ofen, da probiert jemand deinen Teig und sagt: »Mach neu!«

»Wir machen das mal mit LEGO®«

In frühen Phasen der Entwicklung ist manches noch nicht so leicht vorzeigbar. Erste grobe Entwürfe entstehen normalerweise im Kopf der Entwickler, in ihren Berechnungen, in Codes oder technischen Zeichnungen, die andere nicht lesen können. Gleichzeitig sind sie aber aufgefordert – oder werden genötigt, wie manche sagen würden –, in regelmäßigen Abständen irgendetwas zu präsentieren. Um schon in den frühen Phasen von Produktentwicklungen Feedback einholen zu können, haben sich agile Design-Experten einiges einfallen lassen: So mancher Prozess wird szenisch vorgespielt, Protoypen werden aus Pappe oder Legosteinen gebaut, Bleistiftskizzen und Ähnliches sollen den aktuellen Stand für das eigene Team und den

Kunden möglichst erlebbar machen. Ihre Idee in solch einer Form zu präsentieren, ist für viele Entwickler erst mal dünnes Eis, sie sind unsicher und empfinden es als Zumutung. Es ist aber die Grundlage für Feedback.

Kleiner Wunsch, großer Aufwand

Der Kunde möchte ein Produkt mit Funktion und Design. Er ist in vielen Fällen kein Experte für den Herstellungsprozess und kann daher nicht einschätzen, was seine – vielleicht nur kleine – Kritik an Änderungsaufwand bedeutet. Der Entwickler kann kleine Änderungswünsche hingegen recht schnell in Arbeitsaufwand hochrechnen. Möglicherweise findet die Arbeit des Designers auch wenig Würdigung, weil der Kunde nicht einschätzen kann, welche Leistung dahintersteckt. Zudem steht zu erwarten, dass auch beim Kunden die schwäbische Folter greift: Er wird vielleicht hauptsächlich benennen, was er alles nicht möchte, was ihm nicht gefällt, was er außerdem noch haben will, aber wenige Worte darüber verlieren, was ihn am aktuellen Entwurf begeistert. Die Rückmeldungen aus den Kundenfeedbacks können demnach für den Entwickler viel Kritik und einen großen Änderungsbedarf bedeuten, auch wenn er einen hervorragenden Job gemacht hat.

»Was willst du?«

So mancher Kunde weiß tatsächlich nicht, was er will. Er ändert womöglich mehrfach seine Meinung. Nur wenige Menschen haben die Gabe, das Training oder die Zeit, sich konkrete Vorstellungen von etwas zu machen und es dann so in Worte zu fassen, dass andere verstehen können, was sie meinen. Die meisten Menschen können viel leichter sagen, was sie nicht wollen, aber oftmals erst, nachdem sie es gesehen und getestet haben. Das kann für Entwickler sehr frustrierend sein, wenn sie im Kundenfeedback erleben, dass der Kunde auch das veränderte Produkt nicht will und sie Aufwand in Entwürfe gesteckt haben, um dann wieder nur zu wissen, was der Kunde nicht will.

Ein Graus für Introvertierte

Zwar werden im agilen Kontext Menschen mit spezifischen Rollen ausgestattet, die auch eine Mittlerfunktion haben, zum Beispiel sogenannte Product-Owner im Scrum, aber das ist nicht in jedem Unternehmen möglich. So wird mancher bisher eher zurückgezogen arbeitende Kreative durch agile Prinzipien genötigt, sich starker Interaktion und direktem Feedback auszusetzen. Das kann sie überfordern und verunsichern.

Zusammenarbeit auf dem Prüfstand

In sogenannten Retros (Retrospektiven) besprechen viele agile Teams regelmäßig ihre Zusammenarbeit. Man bewertet in diesen Runden nicht das Produkt, sondern spricht darüber, wie man die Arbeitsweise untereinander verbessern kann. Hier gibt es also im besten Falle für jeden Einzelnen Feedback auf der Verhaltensebene. Manch einer, der es nicht gewohnt ist, weil er bisher nur für seine Leistungen Feedback bekommen hat und nicht für sein Kommunikationsverhalten, seine Ansprechbarkeit, Kooperationsbereitschaft et cetera, findet das vermutlich erst einmal befremdlich.

Digitale Innovationen schaffen Transparenz

Agile Teams aus verschiedenen Fachrichtungen nutzen gerne die Potenziale der neuen Softwarewelt und teilen Dokumente und bearbeiten sie gemeinsam. Damit ist transparent, was sie tun, wann sie es tun und wie schnell sie es tun. Schmuddelige Vorentwürfe auf der Festplatte oder Pseudoaktivismus gehören der Vergangenheit an. Das stille Kämmerlein hat für viele zwangsweise ausgedient. Für die einen ist das ein Segen, für die anderen ein Fluch. Diese Transparenz öffnet Tür und Tor für allerlei Feedback.

All diese Facetten zeigen: Die agile Welt ist voller Feedback. Mehr Gemeinsamkeit in der Entwicklung braucht viel Abstimmung und stetige Reibung, damit alle gemeinsam in eine Richtung laufen können. Deshalb ist es wichtig, dass sich alle Feedbacknehmer ein gutes Verständnis dieser Rückmeldungen erarbeiten und die Idee der Kränkung dabei endgültig hinter sich lassen. Gerade in der agilen Welt geht es ganz fokussiert um die Sache, das Produkt und das Verhalten im Team und nicht darum, ob der Einzelne ein guter Mensch ist.

Zu guter Letzt möchte ich betonen, wie wertvoll ich diese Feedbackprozesse in den agilen Prinzipien finde. Bei all den oben genannten Herausforderungen sind sie aus meiner Sicht bitter nötig! Für viele Organisationen und Entwicklungsprozesse ist es hilfreich und intelligent, Produkte schrittweise zu präsentieren und das Vorgehen mit den Nachbarabteilungen abzustimmen und dabei das gesamte Wissen der Organisation in das Produkt oder die Dienstleistung einfließen zu lassen. Dafür sind Feedbackschleifen unerlässlich. Was heute dennoch häufig fehlt, ist ein souveräner Umgang damit. Viele denken weiterhin, ein Feedback sei ein Urteil; sie empfinden es nicht als Teil des gemeinsamen Kreationsprozesses.

Das Prinzip »Fail early, fail often« ist aus meiner Sicht großartig, aber es fühlt sich für viele noch nicht gut an. Deswegen gilt es, die Feedbacknehmerkompetenz weiter zu trainieren.

7 Deine neue Souveränität

Du liest dieses Buch, weil du mit Feedback jeglicher Art besser umgehen und dazulernen möchtest. Dazu haben wir uns bisher angeschaut, wie es anderen mit Feedback ergeht. Wir haben beleuchtet, was Feedback im engeren und weiteren Sinne bedeutet, welche Hintergedanken und Strategien Feedbackgeber haben können und was die Probleme der Feedbacknehmer heutzutage verschärft. Wir haben also versucht, das Phänomen »Feedback« besser zu verstehen, und so manches Feedback anders und intelligenter entschlüsselt.

Doch damit nicht genug! Jetzt biete ich dir noch eine andere Perspektive. Sie zeigt dir im wahrsten Sinne deine Unabhängigkeit. Ich lade dich herzlich ein, deinen Blick vom Feedback weg auf etwas ganz anderes zu richten: auf dich selbst – und zwar unabhängig davon, was andere zu dir zu sagen. Ich bin mir sicher: Du kannst dich darauf freuen.

Die können mich mal ...

Ist es nicht interessant, wie viel wir manchmal darauf geben, von anderen gemocht, anerkannt oder zumindest akzeptiert zu werden? Aber das ist nur menschlich und tief in uns verankert. Es gehört quasi zu unserer Überlebensstrategie, dass wir den Drang verspüren, uns durch Bestätigung sicher und geliebt fühlen zu wollen und möglichst dazuzugehören. Demnach ist es doch logisch, dass wir nach Anerkennung und positivem Feedback streben.

Dennoch ist die Welt diesbezüglich überhaupt nicht schwarz-weiß. Muss dich denn wirklich jeder mögen? Es ist doch schließlich auch nicht jeder Mensch auf diesem Planeten wichtig für dich. Du solltest dir also klarmachen, wer wichtig und wer unwichtig ist. Welchen Menschen möchtest du dich zugehörig fühlen? Was ist dein engster Kreis, dein Ort der Geborgenheit? Wer sind die Menschen, die dir viel bedeuten? Wie du ja weißt, kann Kritik aus diesem Kreis auch bedeuten, dass dich derjenige sehr schätzt, und Lob nur »gut gemeint« sein kann.

Aber nun frage ich dich: Und wie ist es mit den anderen? Mit denen, die eigentlich nicht so wichtig sind in deinem Leben. Von denen es zwar ganz nett wäre, gemocht zu werden, aber nicht wirklich relevant? Du kennst sicher diesen Satz: »Die können mich mal ...«. Bitte antworte ehrlich und frei von der Leber weg: Was können dich denn andere mal? Viele ergänzen gerne »kreuzweise« oder »am Arsch lecken«. Einige formulieren höflicher und sagen: »Die können mir mal den Buckel runterrutschen«. Klingt erst mal cool und locker, aber innerlich wirkt das auf mich nicht aufgeräumt, sondern eher verletzt oder verärgert. Wie eine Abwehrstrategie. Das ist auch okay, aber »sauber« ist das aus meiner Sicht nicht.

Eine andere gern gewählte Alternative: »Die können mich mal gernhaben!« Doch genau hier liegt der Hase im Pfeffer. Wir wollen oft von anderen einfach »gerngehabt« werden. Egal von wem. Wir zwingen ihnen förmlich auf, uns lieb haben zu müssen. Sie sollen doch gefälligst sehen, wie toll wir sind, sich das selbst vor Augen führen und uns bitte verdammt nochmal mögen – und wenn nicht, sind sie aus unserer Sicht nicht okay. Gerade wenn unser Selbstwert-Pott nicht gut gefüllt ist, hoffen wir, dass andere für uns diesen Topf von außen füllen mögen, indem sie uns sagen und zeigen, wie toll wir sind.

Aber: Ist das wirklich ihr Job? Wie wäre es denn, wenn wir stattdessen sagten: »Du darfst mich auch nicht gernhaben. Ich gestatte es dir. Und es ist dein gutes Recht.«

Worum es wirklich geht

Wozu bist du auf der Welt? Geht es dir im Leben darum, gemocht zu werden? Geht es darum, dass andere sagen: »Gut gemacht!«? Oder bist du auf der Welt, um etwas zu erleben, zu erschaffen, zu genießen, zu lernen, zu sein? Diese Frage kannst du nur für dich beantworten. Und vielleicht stellst du sie dir gerade zum ersten Mal.

Aus meiner Sicht fragen wir uns zu oft, was andere von uns oder unseren Taten halten. Wir freuen uns über Likes und verlieren leicht aus dem Blick, was eigentlich das Ziel unserer Handlungen war. Worum geht es dir? Was ist dein Ziel? Hast du eine Mission? Was möchtest du mit deinen Handlungen erreichen?

Weil es oft automatisch passiert, dass wir der Bewertung oder Bewunderung anderer so viel Relevanz zuschreiben, möchte ich hier ein paar Beispiele bringen, die den Unterschied zwischen Bewertung von anderen und deiner Zielsetzung ausmachen können:

Mehr Geld, weniger Überstunden und dem Chef endlich die Meinung sagen … ich versprech's dir, Mausi!

- Willst du eine gute Note in Englisch oder willst du Englisch sprechen und so neue Menschen kennenlernen und dich mit ihnen austauschen?
- Ist es dir wichtig, dass dein Nachbar dein Auto toll findet oder dass du damit von A nach B kommst?
- Möchtest du der beliebteste Projektmanager sein, oder ist es dir wichtig, dass der leichteste Akku für E-Autos schnellstmöglich entwickelt wird?

Es heißt ja nicht, dass wir auf dem Weg zum Ziel automatisch andere Menschen vergraulen müssen oder diese uns kritisieren werden. Wenn uns aber rauer Wind entgegenschlägt, insbesondere wenn wir unkonventionelle oder neue Wege gehen, kann uns der tiefere Sinn unseres Handelns oder unser Ziel nähren und wir nehmen kritische Stimmen nicht so schwer. Manchmal erreichen wir unsere Ziele tatsächlich besser oder sogar nur dadurch, dass Menschen mögen, was wir tun: Ein Sänger ohne Publikum ist kaum erfolgreich, ein Autor ohne Leser auch nicht. Trotzdem muss es nicht allen und auch nicht immer gefallen, damit wir Wirkung erzeugen.

Vielleicht möchtest du dich mit dieser Perspektive wieder auf das ausrichten, was für dich wertvoll und sinnvoll ist. Auf das Resultat, auf den Mehrwert, auf deine Wirkung, eben auf das, was du eigentlich erreichen möchtest. Vielleicht fragst du dich aber auch gerade: »Was mache ich, wenn ich mich am Ergebnis oder am Mehrwert nicht erfreuen kann, weil es nicht geklappt hat? Wenn ich keine Freude am Resultat habe und mir auch noch Ablehnung entgegenströmt?«

Die Worte von Theodore Roosevelt aus dem Jahr 1910 haben mich in diesem Zusammenhang tief beeindruckt. Er rückte in seiner Rede *Citizenship in a Republic* den Zynismus derer ins rechte (und damit schlechtere) Licht, die es sich leicht machen, sich keiner Gefahr durch Kritik aussetzen, indem sie nichts aktiv tun, sondern nur Bewertungen abgeben und sich feige über andere das Maul zerreißen. In seiner Rede unterstreicht er seine immense Achtung vor all jenen

Helden, die durch ihr tägliches Handeln, Experimentieren, Kämpfen und Suchen nach Lösungen zumindest versuchen, die Welt zum Besseren zu verändern.

> *»Es ist nicht der Kritiker, der zählt,*
> *nicht derjenige, der aufzeigt, wie der Starke gestolpert ist oder wo der, der Taten vollbracht hat, sie hätte besser machen können. Die Anerkennung gebührt dem, der wirklich in der Arena ist …«*[18]

Auch wenn du etwas versucht hast, das nicht geklappt hat: Du warst »der Mensch in der Arena«. Du hast alles gegeben, hast gekämpft und versucht, und genau das ist aus meiner Sicht aller Ehren wert! Es gebührt dem mehr Ehre, der etwas versucht, der ringt, der ausprobiert und scheitert, als dem, der nur die Performance anderer bewertet. So einige verschreiben sich der »gemütlicheren« Welt des eher passiven Kritikerdaseins und begnügen sich damit, den Daumen nach oben oder nach unten zu halten. Das ist ziemlich ungefährliches Terrain. Klar, ich halte Feedbackgeben für wichtig, aber lange nicht so aufwendig und wichtig, wie etwas völlig Neues zu schaffen oder zu lernen.

Aus meiner Sicht haben wir ein gesellschaftliches Problem, und vielleicht magst du mit mir für ein anderes Denken eintreten: Viel zu wenig Lob und Anerkennung werden denen zuteil, die etwas Neues erschaffen oder tatsächlich umsetzen und dabei natürlich Fehler machen. All jene, die neue Lösungen suchen, werden mitunter auch in Sackgassen geraten, auf Widerstände stoßen oder sich eine Zeit lang die Zähne an einem Problem ausbeißen – und währenddessen noch Kritik ernten. Das gilt für Wissenschaftler, Politiker, Projektmitarbeiter und viele andere mehr. Auch all jene, die sich immer wieder trauen, Anfänger zu sein, Fehler zu machen, um dazuzulernen, und sich stetig weiterentwickeln: Vor diesen Menschen ziehe ich den Hut. Ihnen gelten mein Applaus und mein Respekt!

Ich fordere Menschen auf, sich an der Zukunft und vielen Entscheidungen, Innovationen und Entwicklungsprozessen zu beteiligen, ihre Stärken in den Ring zu werfen. Mein Slogan ist: »Gemeinsam gestalten wir die Welt.« Natürlich weiß ich nicht, worum es dir wirklich geht. Aber ich ermutige dich, deinen Blick darauf zu richten, was du bewirken willst, und stolz auf dich, dein Ansinnen und deine Hartnäckigkeit zu sein, auch wenn es (noch) nicht gelingt. »Die Anerkennung gebührt dem, der wirklich in der Arena ist …« Kommst du mit in die »Arena«?

Die Einstellung, die alles ändert

Bei vielen Feedbackgeschichten haben wir gesehen, dass ein Feedbacknehmer sich gekränkt fühlte, obwohl das gar nicht das Ziel oder die Absicht des Feedbackgebers war. Klar, die Feedbackgeber wollten meist irgendetwas, vielleicht wollten sie uns auch übervorteilen oder übertrumpfen, aber in den wenigsten Fällen war es ihr originäres Ziel, uns zu kränken.

Wenn uns die Worte unseres Gegenübers getroffen haben, nimmt uns vielleicht jemand in den Arm und sagt: »Ich glaube, der hat das gar nicht so gemeint.« Ob das stimmt oder nicht, wissen wir natürlich nicht, aber der Satz allein spendet uns Trost und versöhnt uns. Es gibt ein ähnliches Mantra, das ich hilfreich finde, wenn sich ein negatives Feedback, eine Kritik oder eine vermeintliche Beschimpfung anschickt, uns in die Magengrube zu fahren oder den Hals zuzuschnüren. Er lautet: »Der andere hat nicht das Ziel, mich zu kränken.«

Was bewirkt dieser Satz bei dir, wenn du kritische Feedbacks aus deinen letzten Situationen durchgehst? Kannst du Erleichterung oder innere Entspannung spüren? Ich bin der festen Überzeugung: Für die meisten Feedbacks wird dieser Satz wirklich gelten. Und er eröffnet uns eine große Chance, nämlich aus der Situation zu lernen oder zumindest die Situation sinnvoll zu analysieren. Denn nur wenn wir uns emotional weniger getroffen fühlen, hat unser Verstand die Chance dazu.

Und was ist mit den Ausnahmen? Wenn wir das ungute Gefühl haben, dass uns jemand tatsächlich kränken wollte? Hier handelt es sich um psychische Gewalt und die sollten wir keinesfalls akzeptieren. Denn: Niemand hat das Recht, dich zu kränken! Es lassen sich zwei Varianten unterscheiden, in denen vermeintliche Feedbackgeber uns explizit kränken wollen.

Der Feedbackgeber hat Spaß

Wenn ich in den Augen oder der Mimik des Feedbackgebers sehe, dass derjenige Spaß daran findet, andere zu kränken, ist diese Person aus meiner Sicht ein Arschloch. Punkt. Und von Arschlöchern nehme ich weder Lob noch Kritik an. Sie haben ein anderes Wertesystem. Das hat nichts mit mir zu tun und dementsprechend ist ihre Bewertung für mich bedeutungslos. Also denke ich: »Liebes Arschloch, ich gebe dir keine Macht darüber, wie ich mich fühle. Selbst mich zu ärgern wäre verschwendete Energie und Lebenszeit. Du stiehlst mir nicht meine Zeit!« Dann tief ausatmen, tief einatmen, vielleicht noch den Kopf schütteln, bis zehn zählen, den Fokus auf liebevolle Menschen richten – fertig. Darüber hinaus versuche ich, demjenigen ab sofort aus dem Weg zu gehen. Wenn das nicht geht, setze ich klare Grenzen (dazu später mehr).

Wenn solche Leute merken, dass du dich nicht gekränkt fühlst, werden sie rasch ihren Spaß verlieren und vermutlich von dir ablassen.

Der Feedbackgeber hat Not

So mancher, der uns kränken will, ist unter Umständen selbst gerade in emotionaler Not. Das verraten dir möglicherweise seine Mimik und Gestik, etwa Unsicherheit, Geltungsnot, das Gefühl, nicht wichtig zu sein oder unter Druck zu stehen, Angst oder Ähnliches.

Vieles davon können wir als Feedbacknehmer nicht nachvollziehen, weil wir die genauen Hintergründe und Gedanken nicht kennen. Wir können uns aber klarmachen: »Der will mich vielleicht nicht kränken, aber es ist aus seiner Sicht der letzte Ausweg, um sich selbst zu retten, indem er mich tritt.« Klare Sache: Auch wenn wir ein gewisses Verständnis für die unangebrachte Reaktion haben, ist so ein Verhalten nicht in Ordnung! Wir sollten uns niemals zum Opfer machen.

Im Matthäus-Evangelium heißt es: »Ihr habt gehört, daß da gesagt ist: ›Auge um Auge, Zahn um Zahn.‹ Ich aber sage euch, daß ihr nicht widerstreben sollt dem Übel; sondern, so dir jemand einen Streich gibt auf deinen rechten Backen, dem biete den andern auch dar.«[19] Vielleicht erinnerst du dich auch an Sätze deiner Großmutter oder Mutter wie: »Der Klügere gibt nach«, »Sei tapfer« oder »Der Indianer kennt keinen Schmerz«.

So ein Quatsch! Schluss damit! Du musst Kränkungen nicht »ertragen«. Die Opfernummer ist nicht notwendig.

Du bist als Opfer kein besserer, aber auch kein schlechterer Mensch! Nur weil du Gewalt nicht mit stärkerer Gewalt begegnen oder nicht weiter provozieren willst, heißt das doch noch lange nicht, auch noch die andere Wange hinzuhalten und Tapferkeit oder Leidensfähigkeit zu beweisen. Meiner Meinung nach musst du rein gar nichts mit dir machen lassen! Du musst dir gar nichts anhören. Du musst nichts stehen lassen, was nicht in Ordnung ist. Du musst dir auch nichts sagen lassen und du musst schon gar nicht die andere Wange hinhalten. Warum auch? Stattdessen sollten wir die nötige Selbstfürsorge betreiben, klare Grenzen setzen und fiese Rückmeldungen gegen oder über dich beenden, wo nötig.

Wie du bei Kränkungen reagieren willst, bleibt völlig dir überlassen. Ob innere Maßnahmen oder Maßnahmen im Außen – beides hat seine Berechtigung.

Hier ein paar Möglichkeiten ohne Gewalt, aber auch ohne zweite Wange:

- Du kannst das Gesagte mental komplett an dir abprallen lassen oder »durchwinken«. Du bist nicht getroffen. Die Person hat nämlich gar keine Wange erwischt, wenn du sie nicht hinhältst.
- Du kannst Grenzen setzen und zum Beispiel sagen: »Mit mir nicht.«, »Stopp!« oder je nach Situation auch mit persönlichen oder juristischen Konsequenzen drohen (und diese wenn nötig natürlich durchziehen).
- Du kannst – wenn du möchtest und genügend Kraft hast – versuchen, dem Gegenüber zu geben, was er in der emotional angespannten Lage braucht. Vielleicht ist es ein Mensch, der dir eigentlich am Herzen liegt, und du möchtest die Lage entschärfen und wieder eine gute Gesprächsbasis herstellen. Dann kannst du versuchen, ihm ein Gefühl der Wertschätzung, Sicherheit, Autonomie oder Ähnliches zu vermitteln, sodass seine Not gemildert wird. Musst du aber nicht. Du bist schließlich nur für dich verantwortlich.*

Mit Abstand sicher!

Vor ein paar Jahren begegnete mir eine hilfreiche Technik, die ich für mich und auch mit Klienten gerne in blöden Situationen oder bei fieser Kritik nutze. Du kannst diese Technik sowohl in der akuten Situation anwenden, also wenn die nervige Nachbarin gerade ihr Gift versprüht, wenn du im Chefbüro sitzt und dir gerade eine Rüge anhören musst oder du einen boshaften Kommentar auf Instagram liest. Du kannst sie aber auch im Nachhinein anwenden, wenn deine Gedanken ununterbrochen um ein fieses Feedback kreisen, obwohl du doch eigentlich einschlafen willst. Es geht darum, manche Dinge im wahrsten Sinne nicht an dich heranzulassen, Abstand zu gewinnen

* Als Erwachsene tragen wir Verantwortung für uns selbst, unsere Kinder und unsere Haustiere, da diese sich nicht selbst versorgen können.

und in Ruhe zu entscheiden, wann und ob du dir anschauen willst, was dein Feedbackgeber dir präsentiert.

Stell dir vor, um dich herum ist eine transparente, intelligente Kugel, an der fortan alles abprallen wird, wenn du das willst. Sie ist groß und weit genug; bietet dir jeglichen Raum, den du brauchst, darüber hinaus beste Luft- und Klimaverhältnisse und Zugang zu all deinen Stärken. Außerdem kannst du in deiner Kugel alles mitführen, was dich stärkt – vom Talisman über die Liebe zu deinen Haustieren bis hin zu dem Wissen um deine Kompetenzen und deinen Wert als Mensch. Sie besteht aus grandiosem Material, das es dir ermöglicht, nach außen zu greifen und Wertvolles hereinzuholen, wenn du das möchtest. Das Material lässt aber nur durch, was du haben willst. Alles andere prallt – *boing!* – wie an einem starken Gummi einfach ab und bleibt damit außerhalb deiner Zone. Was außerhalb deiner Kugel ist, kannst du dir angucken oder auch nicht, und zwar dann, wenn du es willst.

Wenn ein fieses Feedback oder auch ein fadenscheiniges, schleimerisches Lob kommt: *Boing!* Das bleibt erst mal draußen. Das guckst du dir in Ruhe, in deiner Stärke und mit Abstand an. Vielleicht heute oder vielleicht auch erst morgen, nachdem du die Nacht ruhig geschlafen hast. Um über ein Feedback nachzudenken, musst du es nicht einmal in deine Kugel holen. Du kannst es weit weg von dir auf dem Boden oder in eine Kiste verpackt ablegen. Du entscheidest, wie weit weg es abgelegt wird, ob es in deinem Blickfeld, klein, groß oder zugedeckt ist. Du kannst es da draußen auch »umschreiben« – oder anzünden. Deiner Fantasie sind keine Grenzen gesetzt.

Natürlich kannst du dir deine Sicherheitskugel in deiner Vorstellung so ausmalen, wie sie für dich am besten geeignet und am angenehmsten ist. Manche meiner Klienten imaginieren statt der Kugel einen klasse Schutzanzug mit einer Art Teflonschicht und einer neuartigen Oberfläche, die zwar maximal beweglich, aber trotzdem so stark ist, dass vermeintliche Angriffe noch nicht einmal einen Kratzer verursachen.

Unschöne Feedbacks erst einmal gar nicht an uns heranzulassen verschafft uns den nötigen Abstand, um mit mehr Gelassenheit und Verstand zu schauen, ob wir und was wir aus dem Feedback lernen wollen, das andere uns präsentieren.

Sei dir ein guter Freund!

Die Überschrift sagt eigentlich schon alles. Wie gehst du damit um, wenn du mal nicht brillierst? Dein Verhalten war heute nur mittelmäßig? Heute ging es mal gar nicht? Du hast eigentlich nur Katzenvideos geschaut und kaum etwas zustande gebracht? Ein guter Freund würde dir das sicherlich nicht übelnehmen, sondern wohlwollend mit dir umgehen. Er hätte dich vermutlich genauso gern – oder vielleicht mögen dich deine Freunde gerade, weil du ganz authentisch

Ein Jahr Home-Office ... was erwarten Sie?

bist, auch deine Fehler, Macken, Schwächen und deinen Spleen hast. Denn lieben wir andere nicht manchmal genau dafür? Für ihre Fehlbarkeit, für ihre seltsamen Marotten, für ihre Fauxpas und damit ihre Echtheit? Aber mit uns selbst gehen wir meist leider anders um: Wir fordern uns absolute Höchstleistung ab. Immer. Wir gehen erbarmungslos mit uns ins Gericht und sind unsere härtesten Kritiker. Warum ist das so?

Wenn ich heute auf das Seminar im Jahr 2011 zurückblicke, in welchem das Feedback in mir eine solche Krise auslöste, kann ich entspannt und gleichzeitig kritisch sagen: Ich war damals vermutlich nicht brillant. Es war nicht mein bestes Training. Zu Hause liefen Umbauarbeiten, wir hatten die Möbelpacker bestellt und es gab so viel, was noch organisiert und geklärt werden musste. Ja, das Seminar war okay, aber vielleicht nicht fesselnd. Es war nicht das Nonplusultra, aber auch nicht furchtbar. Heute kann ich besser einstecken und mein Selbstwert leidet nicht mehr wie ein Hund. Wenn Menschen mich mies behandeln, kann ich mich wehren oder zumindest schützen. Aber wenn ich etwas Schlechtes oder Mittelmäßiges produziere, dann ist Kritik natürlich angebracht und ich kann sie vertragen.

Es gibt eben Situationen im Leben, in denen können wir nicht unser Maximum abrufen. Wenn wir dann ein mittelmäßiges Feedback für eine mittelmäßige Performance bekommen: Okay. Das ist zwar schade, aber es gehört dazu. Kein großes Drama.

Wie dramatisch ist Kritik eigentlich? Kritik bedeutet doch nur, dass etwas aus einer bestimmten Sicht nicht perfekt war. Mal abgesehen davon, ob der Kritiker Ahnung oder recht hatte: Wusstest du, dass das Mittelfeld oft gar nicht so gefährlich ist? Klar, alle Medien suggerieren uns »The winner takes it all« oder schüren in uns anderweitig den Druck, immer nach Perfektion zu streben, und machen uns die Mittelmäßigkeit madig. Doch schon zu den Zeiten der Säbelzahntiger war es augenscheinlich: Wenn eine Menschenmenge vor einem dieser furchtbaren Viecher weglief, war der Gewinner, also der vorderste Läufer, sicher. Aber das galt auch für das Mittelfeld. In diesem

Fall reichte es, nicht Letzter zu sein. Wie sagen wir im deutschen Sprachgebrauch so schön? »Den Letzten beißen die Hunde.« Ja, und manchmal nicht mal den, denn er kann vielleicht mit Hunden gut umgehen!

Wenn es bei den gefürchteten Rückmeldungen wenigstens um Säbelzahntiger oder meinetwegen noch um Hunde ginge, könnte ich den ganzen Stress irgendwie nachvollziehen. Aber die meisten Säbelzahntiger unseres Alltags sind ziemlich zahnlos. Wenn du zum Beispiel eine kritische Äußerung deines Chefs oder eines Kunden per E-Mail liest, ist es doch völlig unnötig, bibbernd oder gleich mit dem Speer bewaffnet auf dem Schrank zu sitzen – oder in einen ähnlichen Gemütszustand zu verfallen. Also: Wo immer möglich, solltest du kritischen Äußerungen oder auch Frechheiten die dramatische Note nehmen. Meist ist sie nicht angebracht.

Es ist okay, oder besser: du bist okay, auch wenn du an einer Stelle (aus der Sicht eines anderen) vermeintlich nicht gut warst. Kannst du das fühlen? Kannst du tief in dir spüren, dass du okay bist? Mach dir auch bewusst: Selbst die größten Koryphäen geben nicht immer 100 Prozent. Das geht gar nicht! Sie kochen auch nur mit Wasser, und manchmal nicht mal das. Dir fallen sicherlich auch Beispiele von Stars oder Vorbildern ein, die mal Anfänger waren oder mal gepatzt haben, die einen schlechten Tag hatten. Auch sie verlieren an manchen Tagen und dürfen sich dazu auch noch Kritik anhören. Davon geht die Welt nicht unter. Wir sind alle nur Menschen und damit fehlbar. Und nur deshalb sind uns viele Menschen erst so sympathisch! Ihre steten Bemühungen sind aller Ehren wert, auch wenn sie so manches Mal weder ihr Ziel erreichen noch Anerkennung dafür erhalten, weil sie es einfach nicht geschafft haben. Trotzdem sind sie für uns Helden.

Wenn wir unsere eigene Fehlbarkeit akzeptieren, ihr die Dramatik nehmen und uns behandeln, wie es ein guter Freund tun würde, dann ist Kritik plötzlich gar nicht mehr so dramatisch. Dann können wir entspannt hinschauen und uns fragen, ob wir sie nachvollziehen können und daraus lernen wollen. Hast du Lust, dir ab jetzt ein guter Freund zu sein?

Nimm dich an!

Wer händeringend Bestätigung im Außen sucht, wer sich in Lob suhlt und bei der kleinsten Kritik zusammenzuckt, dessen Selbstwert-Pott ist spärlich gefüllt. Die Bestätigung von außen ist nötig, weil er selbst dazu nicht in der Lage ist, seinen Selbstwert-Pott zu füllen. Landläufig sprechen wir hier von fehlendem Selbstbewusstsein. Aber es hat wohl weniger mit Bewusstsein zu tun, als vielmehr damit, dass die Selbstliebe noch viel stärker werden darf. Darum muss und darf sich jeder selbst kümmern.

Auch hierfür möchte ich dir eine schöne Übung ans Herz legen: die Lippenstift-Übung. Die kannst du als Frau und natürlich auch als Mann machen – und gerne auch einen anderen Stift benutzen. Schreibe mit deinem Stift folgende Worte auf deinen Badezimmerspiegel: »Ich bin genug!« Mehr braucht es nicht. Du musst nicht schreiben: »Ich bin großartig« oder »Ich bin total besonders« Schau täglich immer wieder in diesen Spiegel, sieh dir die Worte an, sage sie laut zu dir, zu deinem Spiegelbild, immer wieder, lass sie tief in dich einsickern. Bis du den Worten glaubst – und darüber hinaus.

Schreibe den Satz auch gerne überall dahin, wo dein Blick tagtäglich verweilt und du für dich sein kannst. Vielleicht auf deine Handyhülle, auf deine Teedose oder an die Orte, an denen du daran erinnert wirst. Praktiziere diese Übung so lange, bis du fühlst, dass die Worte richtig sind. Vielleicht kommen immer wieder mal Tage, an denen du einen Hänger hast, an denen ein Tiefschlag in deiner Magengrube gelandet ist oder dich Selbstzweifel plagen. Dann ist es gut, wenn du den Satz ablesen kannst und ihn dir immer wieder selbst sagst.

Es ist an der Zeit, dich vollumfänglich anzunehmen, denn du bist wunderbar, du bist einzigartig, du bist absolut liebenswert. Genauso ist es. DU. BIST. GENUG.

Nimm dich nicht so wichtig!

Hast du das Gefühl, bei Feedback zwangsläufig als Person in der Schusslinie zu stehen? Wenn ja, solltest du das am besten schnell ändern. Wenn dir Kritik oder negatives Feedback in die Magengrube fährt, den Hals anschwellen lässt oder zuschnürt, dann mache dir bitte klar, wie selten du persönlich gemeint bist. Bring dich selbst aus der Schusslinie! Und bitte stell dich nicht unnötig freiwillig rein.

Ich kann es gar nicht oft genug sagen und doppelt unterstreichen: In den allermeisten Feedbacks geht es nur rudimentär und manchmal sogar gar nicht um dich. Auch dann nicht, wenn das Feedback an dich gerichtet ist! Und das aus zweierlei Gründen:

1. In den meisten Feedbacks geht es auch um den Feedbackgeber selbst.
2. Die meisten Feedbacks richten sich an bestimmte Denk- und Verhaltensweisen oder Werte und nicht an dich als Person als Ganzes.

Angenommen, deine Freundin sagt: »Den Zuckerguss für den Kuchen hätte ich besser hinbekommen« oder dein Nachbar sagt: »Also, vor Weihnachten hätte ich an deiner Stelle ja mal den Hausflur geputzt.« Du kannst solche Äußerungen auf dich beziehen, dich als Mensch hinterfragen. Du kannst dich grämen, weil man dich offenbar nicht leiden kann. Aber damit würdest du dich gedanklich selbst in die Schusslinie stellen.

Erst einmal erzählen die Freundin und der Nachbar von sich: Er macht dir klar, dass »in seiner Welt« saubere Hausflure vor allem an

Weihnachten wichtig sind, und für deine Freundin ist es offenbar unabdingbar, eine gute Kuchenbäckerin zu sein. Ich glaube, mit diesen Infos kannst du leben, oder? Immer wenn Menschen uns bewerten, wenn sie ihre Einschätzung abgeben, wenn sie urteilen, erzählen sie aus ihrer Welt, aus ihren Gedankengängen, aus ihrer Expertise. Sie vermitteln dir »ihr« Bild. Außerdem geben sie dieses Bild in Resonanz zu dem ab, was sie von dir wahrgenommen und interpretiert haben.

Dich selbst nicht so wichtig zu nehmen, wenn du Feedback erhältst, bedeutet:

1. Hör auf, dich als alleinigen Dreh- und Angelpunkt zu sehen. Du bist – aus der Sicht der anderen zumindest – nicht der Nabel der Welt! Sie machen sich nicht allzu viele Gedanken um dich, sondern vielmehr um sich selbst. Wenn du Feedback erhältst, mach dir bewusst, dass es immer sehr stark um die Welt der Feedbackgeber geht.
2. Der Feedbackgeber bezieht seine Sicht der Welt ja nicht auf dich als Person, sondern auf dein Verhalten, einen deiner Werte oder einen deiner Gedanken. Bei der Freundin geht es um den Zuckerguss, beim Nachbarn um saubere Hausflure. Um dich geht es ihnen im Grunde gar nicht.

Um es noch klarer zu formulieren: Bitte mach dich nicht künstlich wichtig. Es geht hier nicht um dich. Also bitte: Raus aus der Schusslinie!

Noch ein Beispiel: Wenn deine Chefin sich darüber auslässt, dass deine Körpersprache bei der Präsentation ausbaufähig war, dann spricht sie über deine Körpersprache bei »dieser« Präsentation, scheint dich als Mitarbeiter im Allgemeinen aber trotzdem zu schätzen. Ob sie mit deiner Körpersprache recht hat, liegt im Auge des Betrachters, aber klar ist: Sie hat nicht generell etwas gegen dich. Vielleicht willst du ja wirklich deine Körpersprache verbessern. In dem Fall ist ihr Feedback möglicherweise interessant und hilfreich für dich.

Es geht bei Feedbacks also nicht um dich als Person – wie sollte man das auch wahrnehmen und gänzlich bewerten können? Und es geht außerdem nie um deine Würde; sie ist unantastbar. Du bist ein wertvoller Mensch mit all deinen Stärken, Leidenschaften, Macken und Kanten. Du bist ein Geschöpf des Universums. Du bist wertvoll. Das stellt kein Feedback dieser Welt – ob positiv oder negativ – irgendwie in Abrede. Du als Person stehst nicht infrage. Du stehst nicht in der Schusslinie. Warum solltest du dich also getroffen fühlen, verletzt oder gekränkt sein, wenn es doch gar nicht um dich geht?

Es ist dein Leben

Ich erinnere mich noch gut daran, wie ich an einem schönen Winterabend auf dem jährlichen Trainertreffen mit tollen Kollegen zusammensaß. Wir schwatzten beim Wein ausgelassen über Gott und die Welt und schließlich begann einer über Vortragsredner zu sprechen oder, besser gesagt, herzuziehen. Das sei kein sinnvolles Tagwerk, nur Training und Coaching würden Nachhaltigkeit erzeugen, Vorträge hätten eher Eventcharakter und seien damit wertlos. Er endete mit den Worten: »Das würde ich ja nie machen.«

Einige nickten bestätigend und zogen ähnlich über die Speaker-Branche her. Ich schmunzelte in mich hinein. Vor zehn Jahren hätte mich das noch enorm runtergezogen, in dieser Situation aber spürte ich weder Verunsicherung noch fühlte ich mich getroffen. Die Kollegen kannten mich bis dato eben eher als Trainerin, obwohl ich schon lange auch als Moderatorin und Rednerin unterwegs war. Als ich seine Worte hörte, wusste ich tief in mir drin, wie viel Freude mir meine Tätigkeit auf der Bühne machte. Ich fühlte mich tief in mir selbst verbunden und dachte: »Du würdest das nie machen? Ich schon! Ich liebe es. Und ich liebe genau diesen Eventcharakter.«

Jeder Mensch ist einzigartig. Jeder hat sein Leben und darf es nach seinen persönlichen Vorstellungen auskosten und ist dabei – solange das niemanden gefährdet – niemandem Rechenschaft schuldig. Verantwortung tragen wir gegenüber unseren Kindern und Haustieren, weil diese sich nicht selbst versorgen können. Ansonsten sind wir auf der Welt, um unser Leben zu leben. Unseres!

Der Wunsch nach Lob und Zugehörigkeit verleitet viele dazu, es anderen recht machen zu wollen. Sie stellen ihr Leben, ihre Wünsche, ihre Träume und Vorstellungen hinten an, sie passen sich an, fragen, wie andere sie haben wollen, laufen nach, kopieren und werden peu à peu das graue Abziehbild oder eine langweilige, leblose Kopie anderer. Und aus meiner Sicht werden sie damit vor allem auch eines: furchtbar langweilig. Ich mag Menschen, die bunt und vielfältig und unterschiedlich sind. Die mir das zeigen, was ich nicht bin. Die unabhängig sind, eigenständig denken und mich inspirieren mit ihrer Art zu leben, ihren Hobbys und ihren leuchtenden Augen, wenn sie über ihre Lieblingsmusik, ihren Traumjob oder Ähnliches sprechen. Hingegen stresst mich die Vorstellung, dass Menschen sich nach mir richten, sich und ihre Vorstellungen aufopfern, sich zurückstellen, um für mich jemanden darzustellen.

Ob meine Vorstellungen im Leben für dein Leben Relevanz haben? Ich würde mir nicht im Traum einbilden, dass du das übernehmen müsstest! Es ist dein Leben. Du bist einzigartig. Wenn du dich immer nach dem richtest, was *andere* für richtig und wichtig halten, wirst du vermutlich eine Mischung aus den Wünschen und Vorstellungen anderer. Aber ist das dann *dein* Leben?

Wann immer du echtes Feedback, Kritik, Lob oder andere Rückmeldungen zu dir, deinem Denken oder deinem Verhalten bekommst, frage dich immer aus diesem Gefühl der Einzigartigkeit, deiner absoluten Stärke und Unabhängigkeit heraus: »Brauche ich das? Was will ich damit machen?« Und wenn du nichts damit machen willst: auch gut! Es ist deshalb egal, was andere von dir halten – denn es ist DEIN Leben!

8 Mein Feedback-Manifest

Nachdem du nun so viele Eindrücke rund um das Thema Feedback erhalten hast: Welche Regeln findest du besonders hilfreich und für dich sinnvoll? Mit welcher Haltung willst du Feedbacks fortan begegnen? Denn darum geht es: dass du selbst entscheidest. Du bist nicht länger Opfer. Du bist souverän, bildest dir eine eigene Meinung und entscheidest dich möglichst bewusst für deinen Umgang mit Feedback.

Nimm dir ein Blatt Papier und schreibe drei bis fünf Regeln auf, die sich für dich sinnvoll und richtig anfühlen und dir aus deiner Sicht die beste Entwicklung ermöglichen.

Aus meiner Sicht haben die althergebrachten und weitverbreiteten Regeln für Feedbacknehmer unnötiges Leid produziert und bei vielen Menschen Entwicklung eher verhindert als beschleunigt. Auf den folgenden beiden Seiten findest du daher mein persönliches Manifest zum Umgang mit Feedback, das du gerne als Anregung für deine Regeln nutzen, in Teilen oder ganz übernehmen, aber natürlich auch völlig ignorieren darfst.

1. **Feedback ist willkommen!**
   Es hat keinen Sinn, Feedback per se unterbinden zu wollen, denn andere bilden sich eine Meinung – ob wir wollen oder nicht!
2. **Seien wir human zu uns und anderen!**
   Gehen wir davon aus, dass die meisten Menschen grundlegend gute Absichten haben und unter Umständen aus einer unbewussten Inkompetenz heraus agieren. Alle Menschen sind wunderbar – gerade in ihrer Fehlbarkeit.
3. **Unser Selbstwert ist nie Gegenstand von Feedback!**
   Kritik wertet uns nicht ab, Lob wertet uns nicht auf. Wir sind wertvoll und gut so, wie wir sind. Punkt.
4. **Hinterher ist man immer schlauer!**
   Wir lernen durch Feedback etwas über uns, über andere oder über die Welt. Und manchmal lernen wir, dass es die Zeit nicht wert war, dem Feedbackgeber zuzuhören.
5. **Lob ist kein gutes, Kritik kein schlechtes Zeichen.**
   Es kommt immer darauf an, wen du fragst.

6. **Die Frage bestimmt die Feedbackqualität!**
   Spezifische Fragestellungen sind besser als: »Wie war ich?«
7. **Unser Ruf als Feedbacknehmer ist entscheidend!**
   Wenn wir souverän mit Feedback umgehen, sind andere hilfsbereit, wohlmeinend und ehrlich. Denn wer einlädt und nicht zurückschlägt, wird beschenkt und selten unangenehm überrascht.
8. **Gute Feedbackgeber sind unbezahlbar!**
   Sie sind Beobachtungskünstler, Experten, Formulierungsakrobaten und unsere Entwicklungs-Booster. Solch gute Feedbacks sind eine Leistung und im doppelten Sinne selten umsonst.
9. **Unsere Opferhaltung hilft niemandem!**
   Niemand hat das Recht, uns zu kränken. Jeder darf seine persönlichen Grenzen setzen.
10. **Danken wir für Geschenke, nicht für Gift!**
    Wohlwollende Feedbackgeber haben unseren Dank verdient. Wer es nicht gut meint mit uns, bekommt ein:
    DANKE FÜR NIX!

Outtake: Alles blau

Emotional unabhängiger von Feedback werden und noch mehr und schneller aus Feedback lernen – das will ich nach wie vor. Stichwort: lebenslanges Lernen. So auch bei diesem Projekt. Wenn du magst, nehme ich dich gerne auf den letzten Trip meiner Reise mit.

Ich war am Ende dieses Buchs angelangt und bestand gefühlt nur noch aus Kaffee und Fischbrötchen. Das Leben im Wohnmobil, auf etwa 15 Quadratmetern ohne großartigen Luxus, klingt für viele Menschen nach Selbstkasteiung, für mich war es einfach ein schöner Lebensabschnitt. Ich kenne solche Phasen in meinem Leben, in denen ich tief in ein Projekt eintauche, und fand sie bislang immer ganz wunderbar. Schreiben und Surfen – besser ging es nicht. Zumindest für eine Zeit. Zum Einkaufen war ich die letzten Tage nicht mehr gekommen, aber die Fischmeisterei nebenan hatte mich gut am Leben gehalten. Ab und zu schauten meine Nachbarn auf dem Campingplatz vorbei, ob ich noch lebte, und reichten mir netterweise sogar mal Pralinen oder einen Prosecco hinein. Sehr nett! Sie fanden es auch immer klasse, wenn ich bei gutem Wind das Wohnmobil verließ, mir mein Surfbrett unter den Arm klemmte und statt einer Kaffeepause ein bis zwei Stunden über den See peste, um den Kopf freizukriegen.

Nach dem letzten Fischbrötchen – es würde wohl für längere Zeit mein letztes sein – schickte ich das Manuskript meiner wunderbaren Lektorin. Sie hatte mir in den vergangenen Wochen schon mit tollen Hinweisen zur Seite gestanden. Nun hieß es: Feedback abwarten, einkaufen gehen, Tee trinken. Drei Wochen später, in denen ich viele meiner Sozialkontakte wieder aufgenommen und meinen Kühlschrank gut gefüllt, ja sogar wieder zu kochen angefangen hatte, öffnete ich das Dokument, das sie mir per E-Mail geschickt hatte: Alles blau! Ich schaute etwas geschockt auf den Bildschirm. Blau ist ihre Markierfarbe im Korrekturmodus. Ich scrollte durch die Seiten und fragte mich: »Wie viel ist da eigentlich vom Ursprung übrig?« Ich stellte ihr diese Frage reflexartig Sekunden später über WhatsApp und erhielt prompt die Antwort: »Sehr viel – ich hab doch fast nichts gemacht. Smiley. That's my job!« Okay, ich brauchte ein Pinnchen Limoncello ... und dann fing ich gespannt an, die blauen Seiten zu lesen. Sie lasen sich noch runder, witziger, fluffiger, eleganter, knackiger. Ich fragte mich: »Wie gehe ich mit diesem Feedback um?«

Was hat meine Beschäftigung mit dem Thema Feedback mit mir gemacht – und was hat sie im Umgang mit diesem Manuskript geändert? Ich sage es dir: alles! Ganz sicher würde es dieses Buch nicht geben, wenn ich so ein Feedback vor 10 Jahren bekommen hätte. Ich hätte damals nämlich gedacht: »Okay, das war mein erstes und letztes Buch. Ich werde es aus Scham gar nicht veröffentlichen! War ja ein nettes Abenteuer, aber wenn so viel korrigiert wird, kannst du nichts, Terry.« Mir wurde bewusst, dass ich Textkorrekturen nur aus der Schul- und Universitätszeit kannte: Aufsatz eingereicht, vom Lehrer korrigiert zurück. Damals ging es um Noten und um eine Bewertung, also darum, ob man in einem Fach gut war oder nicht. Viel Farbe hieß »befriedigend« bis »ungenügend« und war eher mit Frust verbunden. Mit meinem Limoncello in der Hand erkannte ich: Hier ging es um etwas ganz anderes. Es ging nicht um eine abschließende Bewertung meines Buchs und auch nicht um mich.

Jedes gute Lektorat hebt ein Buch auf das nächste Level – genau das ist die Aufgabe von Lektoren. Es geht nicht um eine Bewertung des Autors oder um Noten. Es geht darum, dieses Produkt zu verbessern und für die Leserschaft noch nützlicher, klarer und wertvoller zu machen. Na, wenn das kein Grund ist, eine Spitzenlektorin zu engagieren! Natürlich kann und will ich nicht beurteilen, wie dir das Buch gefallen hat und ob du es für ein hervorragendes Buch hältst. Das entscheide bitte selbst. Aber ich kann dir mit Gewissheit sagen: Durch das Lektorat ist es besser! Ich wollte dieses Buch auch deshalb herausbringen, weil das Feedback dazu mein nächstes Buch noch besser machen wird. Und das will ich auf jeden Fall schreiben!

Danke – für alles

An dieser Stelle möchte ich Danke sagen. Zunächst danke ich all meinen bisherigen Feedbackgebern, die es gut mit mir meinten. Ich danke jenen, dir mir durch ihr ehrliches, direktes und gleichzeitig wertschätzendes Feedback klargemacht haben, wie zentral und omnipräsent das Thema Feedback ist, und mich bestärkt haben, dieses Buch zu schreiben. Ich danke aber auch allen wohlmeinenden Kritikern, die mir vielleicht an der einen oder anderen Stelle sogar den Hintern gerettet haben, weil sie mich auf blinde Flecken aufmerksam gemacht haben. So manches Feedback hat meine Haltung natürlich erst recht gestärkt, sodass ich manches auch entgegen allgemeinen Empfehlungen durchziehe.

Aber danke ich auch all jenen harten Knochen, die mir durch ihre Frechheiten, ihre schlechte Laune, weil sie mich wirklich nicht mochten oder aus irgendeinem anderen Grund, Rückmeldungen gegeben haben, die ich – zumindest im jeweiligen Moment – ganz bestimmt nicht haben wollte? All jenen, die mir im übertragenen Sinne gegen das Schienbein getreten haben? Ich bin hin- und hergerissen. Vieles davon war nicht schön, echt kein Geschenk und ich glaube auch nicht, dass ich all das so verdient hatte. Fakt ist aber: Auch diese Schienbeintreter haben dieses Buch entstehen lassen. Sie haben mich zu der Persönlichkeit werden lassen, die ich heute bin. Sie haben mich meine inneren Hausaufgaben machen lassen. Und ich weiß, es werden neue harte Knochen kommen, die mich immer wieder an meine Hausaufgaben erinnern.

Tatsächlich verspüre ich Dankbarkeit, dass ich alle Beschimpfungen und fiesen Sprüche, aber auch die Verführbarkeit durch Lobeshymnen bisher gut überlebt habe. Ich verspüre Dankbarkeit, dass ich daran wachsen durfte und viele Einsichten entwickeln konnte. Aber bin ich den Feedbackgebern dankbar? Nicht allen. Nur denen, die es gut mit mir meinten, obwohl ich es nicht gemerkt habe. In allen anderen Fällen richtet sich mein Dank wohl eher ans Universum, an meine Freunde und Unterstützer und so manche Begebenheit, die mich letztlich in meine Stärke geführt hat.

Ein Freund sagte mal zu mir: »Terry, es gibt nur zwei Arten von Menschen auf der Welt: Freunde und Lehrer.« Den Spruch fand ich gut – und erzählte ihn ein paar Wochen später spontan im Rahmen eines Vortrags auf einer Lehrerfachtagung. Den Teil meiner Rede fanden nicht alle Anwesenden witzig, aber du verstehst hoffentlich, was ich damit meine. In diesem Sinne: Ich bin dankbar für alle Freunde, aber auch für alle Lehrer des Lebens. Und ich bin mir sicher, dass die allermeisten Lehrer es oft gar nicht so fies gemeint haben. Das glaube ich wirklich!

Ich danke allen Menschen in meinem direkten Umfeld, die in der Zeit des Schreibens zurückgesteckt, mir Freiraum ermöglicht oder auch den Job meines schlechten Gewissens übernommen haben. Ich danke all jenen Klienten besonders, die sich in meinen Seminaren und Coachings mit ihren Geschichten vertrauensvoll an mich gewandt haben und die ich in diesem Buch verfremdet und anonymisiert präsentieren durfte, um zu zeigen: So verrückt sieht die Feedbackwelt aus und wir sind mit unserem Kummer nicht alleine.

Schon jetzt danke ich allen Lesern, die mir zu diesem Buch Feedback geben und mir berichten werden, wie es ihnen damit ergangen ist, was sie beflügelt und erleichtert hat oder womit sie vielleicht nicht einverstanden waren. Das wird mir die Gelegenheit geben, innerlich und auch thematisch weiter zu reifen, und gleichzeitig werden sich sicherlich viele neue Feedbackgeschichten ergeben, die ich – wie immer verfremdet und anonymisiert – auf die Bühne und in die Welt tragen kann, damit wir alle daraus lernen können. Denn das ist meine Berufung! Ich will Menschen stärken und ihnen die Möglichkeit geben, über sich hinauszuwachsen, das Beste aus ihrem Leben zu machen und wo immer möglich als starkes Vorbild für andere, Leader und Gestalter voranzugehen.

Ich freue mich, wenn mir dies mit *Danke für nix!* ein Stück weit gelungen ist. In diesem Sinne: Danke für nix? Nein, im Gegenteil: Ich danke für alles (wenn auch nicht allen)!

Feedback erwünscht!

Ich hoffe, du fühlst dich nach der Lektüre entlastet, befreit und beginnst schon, dein Potenzial auf dieser Welt voll zu leben. Du lässt dich nicht mehr bremsen – weder von Lob noch von Kritik –, du lässt dich nicht mehr runterziehen, sondern bist einer der unbeirrbaren und gleichzeitig enorm schnell lernenden Gestalter unserer Gesellschaft! Vielleicht fragst du dich nun: »Und wie gebe ich jetzt Feedback zu dem Buch? Will die Autorin überhaupt wissen, was ich darüber denke? Wie es mir damit ergangen ist?«

Natürlich will ich erfahren, was dich stärkt, was dir hilft, was dir gefällt! Vielleicht war das Buch für dich hilfreich und vielleicht denkst du, es könnte für andere auch hilfreich sein. Dann leite es gerne weiter, verschenke es, lass es in der Bahn liegen, stärke dein Umfeld, like Social-Media-Posts dazu, trage die Botschaften weiter oder schreibe eine Bewertung oder Rezension auf deiner Lieblingsbuchhandelsplattform. Das alles kannst du natürlich auch machen, wenn du nicht von *Danke für nix!* überzeugt bist. Wenn es dich nicht weitergebracht hat.

Rückmeldungen kannst du über Instagram (terry_maxeiner_official) via Direct Message oder Kommentar loswerden, du findest mich aber auch auf Youtube und LinkedIn, und ich habe eine eigene

Website www.theresa-maxeiner.de. Oder du schreibst mir eine E-Mail: info@theresa-maxeiner.de.

Ich freue mich auf dein Feedback! Und ich werde mein Bestes tun, mich als Mensch nicht besser oder schlechter zu fühlen, mich nicht zu grämen, nicht auf Wolken zu gehen oder abzustürzen – wie auch immer deine Rückmeldung ausfällt.

Über die Autorin

Ob für Freunde, Kunden oder Zuschauer: Sie ist Terry. Theresa Maxeiner sagt fast nur noch das Finanzamt. Ihr Motto: Aufstehen und gestalten. Ihre Mission: Ihre Expertise aus der High-Potential- und Führungskräfteausbildung in die breite Gesellschaft tragen, sodass alle von der Couch kommen und Gestalter ihres Lebens, der Gesellschaft und unserer Zukunft werden. Terry liebt es, Wissen humorvoll, frech und in Geschichten verpackt zu vermitteln, und wohnt mit Surfbrett im Luxuswohnmobil am Ufer des Ammersees.

Aufstehen! mit Terry – die Morningshow

Mit der täglichen, dreiminütigen Morningshow von Terry wird jeder Tag dein (!) Tag! Wenn du möchtest, kannst du dich bei deiner ersten Tasse Kaffee am Morgen gleich aufladen – mit Ideen und Leichtigkeit. Hier erwarten dich Lebensfreude, Tipps und gute Musik für deine persönliche Weiterentwicklung. JEDEN Tag.

Hier anschauen und abonnieren:

- Youtube/Podcast: Aufstehen! mit Terry
- Instagram/IGTV: terry_maxeiner_official
- www.aufstehen-mit-terry.de

Täglich, kostenfrei ab 5:30 Uhr verfügbar.
Nicht verpassen. **Werde Gestalter deines Tages!**

Die neuen Helden – der Podcast

Inspiration, Motivation und Ideen – gerade dann, wenn du denkst: »Das Leben ist kein Ponyhof!« Einmal monatlich gibt es hier inspirierende Interviews für und mit neuen Helden. Überall da, wo es Podcasts gibt. Am besten gleich abonnieren, reinhören und mental aufladen, damit du als neuer Held mit voller Energie inspirierend vorangehst. **Gemeinsam gestalten wir die Welt!**

Mehr für dich als neuen Helden gibt's im kostenfreien *Impulsletter*, der Helden-Community und in der Onlineakademie auf www.dieneuenhelden.de.

Quellenverzeichnis

1 Rock, David (2008): *Brain at Work*. Frankfurt am Main: Campus

2 Schulz von Thun, Friedemann (2010): *Miteinander reden 1: Störungen und Klärungen: Allgemeine Psychologie der Kommunikation.* Reinbek: Rowohlt

3 Nuhr, Dieter (2018): *Nuhr – die Box 3*. Hörspiel-Sammlung. Wort-Art

4 Gallwey, Timothy (2012): *Tennis – das innere Spiel: Durch entspannte Konzentration zur Bestleistung*. München: Goldmann

5 https://www.aphorismen.de/zitat/184411 oder https://www.google.de/books/edition/Baruch_De_Spinoza_S_mtliche_Philosophisc/OwoKAwAAQBAJ?hl=de&gbpv=1&dq=%22peter+%C3%BCber+paul+sagt+baruch+de+spinoza&pg=PA198&printsec=frontcover

6 Watzlawick, Paul (2016): *Man kann nicht nicht kommunizieren.* Göttingen: Hogrefe

7 Siehe detailliertere Erläuterungen bei Karl König (2007): *Abwehrmechanismen.* Göttingen: Vandenhoeck und Ruprecht.

8 Rosenberg, Marshall B (2016).: *Gewaltfreie Kommunikation. Eine Sprache des Lebens.* Paderborn: Junfermann Verlag

9 Rock, David (2008): *Brain at Work.* Frankfurt am Main: Campus

10 Hüther, Gerald (2011): *Was wir sind und was wir sein könnten: Ein neurobiologischer Mutmacher.* Frankfurt am Main: Fischer Verlag

11 Guwak, Barbara/Strolz, Matthias (2012): *Die vierte Kränkung: Wie wir uns in einer chaotischen Welt zurechtfinden.* Berlin/Wien: Goldegg

12 https://www.ionos.de/digitalguide/online-marketing/social-media/shitstorm-die-digitale-empoerungswelle/
https://www.faz.net/aktuell/wirtschaft/digitec/corona-shitstorm-fachleute-wundern-sich-ueber-adidas-pr-16704052.html
https://www.sueddeutsche.de/panorama/greta-thunberg-deutsche-bahn-1.4725975
https://www.stern.de/wirtschaft/news/h-m-nach-dem-shitstorm--firmen-koennen-sich-guten-ruf-nicht-mehr-kaufen--7828706.html

13 Diekmann, Nicole (2021): *Die Shitstorm-Republik. Wie Hass im Netz entsteht und was wir dagegen tun können.* Köln: Kiepenheuer & Witsch

14 https://de.wikipedia.org/wiki/Streisand-Effekt

15 Bundesministerium der Justiz und für Verbraucherschutz: www.bmjv.de, Zitate am 05.11.2019 abgerufen am 23.10.2021

16 Bundeszentrale für politische Bildung: www.bpb.de: Meinungsfreiheit, abgerufen am 23.10.2021

17 Bundesministerium der Justiz und für Verbraucherschutz: https://www.bmjv.de/SharedDocs/Artikel/DE/2021/0401_Gesetzespaket_gegen_Hass_und_Hetze.html, abgerufen am 23.10.2021

18 http://gladum.ch/wordpress/2016/06/05/the-man-in-the-arena/, abgerufen am 15.10.2021

19 www.wassagtdiebibel.com, https://wassagtdiebibel.com/bibel/abschnitt/matthaeus-5:38-39 Matthaeus 5:38-39 / LUT

Wenn es mal wieder länger dauert…

Gute und schnelle Entscheidungen sind für Unternehmen ein starker Wettbewerbsvorteil. Denn nur so können sie in turbulenten Zeiten rasch und flexibel auf Anforderungen reagieren. Leider funktioniert das in den wenigsten Fällen und Firmen reibungslos. Georg Jocham zeigt anhand vieler Praxisbeispiele, wie man zügig Entscheidungen aus der Führungsetage bekommt. Denn nur dann können Mitarbeiter in dem Maße zum Unternehmenserfolg beitragen, wie es ihren Fähigkeiten entspricht und auch erwartet wird! Und so hilft dieses Selbst-Empowerment letztlich dem ganzen Unternehmen, vom einfachen Mitarbeiter bis zum Topmanager.

256 Seiten
Softcover
17,99 € (D) | 18,50 € (A)
ISBN 978-3-86881-757-7

---

www.redline-verlag.de

REDLINE | VERLAG